21世纪普通高等教育应用型人才培养规划教材

主 编◎王克军

副主编◎吴秀曼 张 杉

# 财务管理学习题与案例

CAIWU GUANLIXUE XITI YU ANLI

西南财经大学出版社

Southwestern University of Finance & Economics Press

图书在版编目(CIP)数据

财务管理学习题与案例/王克军主编. —成都:西南财经大学出版社,2013.2

ISBN 978 - 7 - 5504 - 0926 - 2

Ⅰ.①财… Ⅱ.①王… Ⅲ.①财务管理—高等学校—教学参考资料 Ⅳ.①F275

中国版本图书馆 CIP 数据核字(2012)第 309665 号

**财务管理学习题与案例**

主 编:王克军

副主编:吴秀曼 张 杉

责任编辑:李特军

封面设计:何东琳设计工作室

责任印制:封俊川

| | |
|---|---|
| 出版发行 | 西南财经大学出版社(四川省成都市光华村街55号) |
| 网 址 | http://www.bookcj.com |
| 电子邮件 | bookcj@foxmail.com |
| 邮政编码 | 610074 |
| 电 话 | 028 - 87353785 87352368 |
| 照 排 | 四川胜翔数码印务设计有限公司 |
| 印 刷 | 郫县犀浦印刷厂 |
| 成品尺寸 | 185mm×260mm |
| 印 张 | 11.5 |
| 字 数 | 260 千字 |
| 版 次 | 2013 年 2 月第 1 版 |
| 印 次 | 2013 年 2 月第 1 次印刷 |
| 印 数 | 1— 3000 册 |
| 书 号 | ISBN 978 - 7 - 5504 - 0926 - 2 |
| 定 价 | 25.00 元 |

# 前　言

　　本书是 21 世纪普通高等教育应用型人才培养规划教材《财务管理学》（第二版）一书（王克军主编）的配套辅助学习用书。本书的宗旨是为学生自学或复习《财务管理学》提供较为清晰的路径。通过练习习题，使学生加深对财务管理基本理论的理解；通过预习要览，使学生明确各章的要点；通过案例分析，使学生贴近财务管理的实际，提高分析财务问题和解决财务问题的能力。

　　本书具有以下特点：

　　1. 简明扼要。将各章的关键概念和重要公式予以提示，从而有助于学生掌握要点，提高预习或复习的效率。

　　2. 注重理论联系实际。增补了财务管理案例，帮助学生开阔视野，为学生讨论、研究问题提供实际资料，可以激发其了解和研究更多财务管理实际业务的兴趣，增强学生学习的主动性和积极性。

　　3. 思路清晰。所有各章习题，不仅给出最终答案，而且对计算分析题和综合题给出了具体解题过程，便于学生练习和思考。

　　本书由广东商学院华商学院王克军教授任主编，吴秀曼与张杉两位老师任副主编。第一、六章由吴秀曼编写，第三、五章由王克军编写，第二、四、八章由张杉编写，第七、十一章由杨俏文编写，第九、十章由姚永红编写。

　　本书参考了大量文献资料，书中引用的资料均注明了来源，在此对原作者表示衷心感谢。

　　由于时间仓促，加上作者水平有限，书中难免有疏漏之处，敬请读者指正，以便改进与完善。

王克军

2012 年 10 月

# 目 录

# 第一章 总论

## 思考与练习题

### 一、预习要览

#### （一）关键概念

财务活动　　财务关系　　资金运动　　财务管理的目标　　财务管理的原则

财务管理的环节　　财务预测　　财务决策　　财务计划　　财务控制

财务分析　　企业财务管理体制

#### （二）重要公式

企业价值的贴现现金流量法计算的基本模式为：

$$V = \sum_{t=0}^{n} \frac{NCF_t}{(1+i)^t}$$

### 二、练习题

#### （一）简答题

1. 什么是财务关系？企业存在哪些财务关系？

2. 简述财务管理的主要内容。

3. 简述企业资金运动的规律。

4. 请分析比较企业财务管理目标的几种观点的优点和缺点。

5. 怎样协调股东和经营者的委托代理关系？

6. 请对任何一项财务管理的原则，说明在实际工作中应如何加以贯彻。

7. 为什么说财务管理的五个环节构成了财务管理的循环？

8. 在新经济环境下，企业财务经理的职责还会发生哪些变化？

（二）单项选择题

1. 企业购置固定资产属于企业的（　　）。

    A. 筹资活动　　　　B. 投资活动　　　　C. 营运活动　　　　D. 分配活动

2. 资金分配活动有广义和狭义之分，以下属于狭义分配的是（　　）。

    A. 工资分配　　　　　　　　　　　　B. 缴纳税金

    C. 对净利润进行分配　　　　　　　　D. 成本的补偿

3. 企业与其所有者之间的财务关系反映的是（　　）。

    A. 经营权与所有权的关系　　　　　　B. 债权债务关系

    C. 投资与受资的关系　　　　　　　　D. 债务债权关系

4. 企业与其债权人之间的财务关系反映的是（　　）。

    A. 经营权与所有权的关系　　　　　　B. 债权债务关系

    C. 投资与受资的关系　　　　　　　　D. 债务债权关系

5. 下列方式中，通过市场约束经营者的办法有（　　）。

    A. 解聘　　　　　　B. 接收　　　　　　C. 股票期权　　　　D. 绩效股

6. 下列各项中，不能协调所有者与债权人之间矛盾的方式是（　　）。

    A. 市场对公司强行接收或吞并　　　　B. 债权人通过合同实施限制性借款

    C. 债权人停止借款　　　　　　　　　D. 债权人收回借款

7. 下列经济活动中，能够体现企业与投资者之间财务关系的是（　　）。

    A. 企业购买其他企业股票

    B. 其他企业投资购买本企业债券

    C. 企业向国家税务机关缴纳税款

    D. 国有企业向国有资产投资公司支付股利

8. 考虑风险因素的财务管理目标是（　　）。

    A. 利润最大化　　　　　　　　　　　B. 资本利润率最大化

    C. 每股利润最大化　　　　　　　　　D. 企业价值最大化

9. 下列各项中，不属于财务管理应遵循的原则的是（　　）。

    A. 货币时间价值原则　　　　　　　　B. 资金合理配置原则

    C. 成本效益原则　　　　　　　　　　D. 利润最大化原则

10. 在市场经济条件下，财务管理的核心是（　　）。

    A. 财务预测　　　　B. 财务决策　　　　C. 财务控制　　　　D. 财务预算

（三）多项选择题

1. 下列关系中，属于财务关系的有（　　）。

    A. 企业与投资者之间的财务关系

    B. 企业与职工之间的关系

    C. 企业内部各单位之间的财务关系

    D. 企业与政府之间的财务关系

2. 下列各项中，属于企业资金营运活动的有（　　）。

    A. 采购原材料　　　　　　　　　B. 销售商品

    C. 购买国库券　　　　　　　　　D. 支付利息

3. 由企业筹资活动引起的财务关系主要有（　　）。

    A. 企业与投资者之间的财务关系

    B. 企业与债务人之间的财务关系

    C. 企业与债权人之间的财务关系

    D. 企业与受资者之间的财务关系

4. 股东通过经营者损害债权人利益的常用方式是（　　）。

    A. 不经债权人的同意，投资于比债权人预期风险要高的新项目

    B. 在借款合同中加入某些限制性条款

    C. 不是尽最大努力去实现企业财务管理目标

    D. 不征得原有债权人同意而发行新债

5. 财务管理的环节包括（　　）。

    A. 财务预测　　　　　　　　　　B. 财务决策

    C. 财务计划和控制　　　　　　　D. 财务分析

**（四）判断题**

1. 财务管理的主要内容是投资、筹资和股利分配，因此，财务管理一般不会涉及成本问题。（　　）

2. 民营企业与政府之间的财务关系体现了一种投资与受资的关系。（　　）

3. 所有者的目标可能会与债权人期望实现的目标发生矛盾，此时可以采取事先规定借债担保条款来协调所有者和债权人之间的利益冲突。（　　）

4. 经营者和所有者的主要利益冲突，是经营者希望在创造财富的同时，能够获取更多的报酬；而所有者希望以较小的代价实现更多的财富。协调这一利益冲突的方式是解聘、股票期权和绩效股。（　　）

5. 企业价值最大化体现了合作共赢的价值理念，有利于实现企业经济效益和社会效益的统一。（　　）

## 三、案例分析

案例一：

### 康百联盟再生变数：百事员工停工维权

2011 年 11 月 5 日，康师傅控股有限公司（以下简称康师傅）和百事可乐公司（以下简称百事可乐）共同公布了双方的联盟协议，若得到有关部门的批准，康师傅将以康师傅饮品控股 5% 的股权，换取百事可乐在中国内地 24 家瓶装厂的所有股权，成为这些瓶装厂的新主人。

"康百联盟"若获批准，将使得康师傅、百事可乐及其现有合资企业的合作伙伴能借助优势互补，更有效地运营业务，两家公司对此似乎胸有成竹。

而此举却遭到了众多百事可乐中国瓶装厂现有工人的反对。

"被骗了！""被卖了！"这是众多百事员工对百事中国公司与康师傅股权置换的感受，他们也将此转换成了一致行动。

11 月 14 日，百事可乐中国公司位于重庆、成都、南昌、福州、长沙的五家瓶装厂开始停工维权。当日早上，五个厂的员工集体递交了 15~16 日请假的假条。他们表示，如果公司不给出一个合理的说法，将会提起诉讼。

11 月 14 日早上 9 点，重庆百事可乐工厂门口拉起了横幅，员工口号整齐，但情绪激动，要求公司进行补偿。

"我们到这里来，是抗议百事可乐中国公司无视员工权利的做法。"一自称是重庆百事可乐工厂某车间副主任的维权人士告诉记者，"在百事可乐和康师傅达成协议前，所有员工对于百事可乐和康师傅的联盟毫不知情，2011 年 11 月 5 日出一个通知就完了，而且丝毫没有谈到并购以后原来的百事员工该怎么办。"

据另一位员工介绍，与其他的瓶装厂不同，重庆百事可乐工厂有相当大一部分员工是之前百事可乐与天府可乐成立合资公司时候留下的老员工，这部分人大多数已经在厂里工作了 20 多年，他们的子女如今也多在厂里工作。

"我们对这里有着深厚的感情。"该员工感慨，"百事可乐中国区的高管或许只是把公司看作是他们个人发展的一个跳板，一个阶段，但我们工人是实实在在热爱这个企业，这里面有我们的心血。"

根据记者在现场的了解，事件的缘起是康师傅与百事可乐中国公司联盟协议的公布，而触发工人们情绪的，却是一份"不公平"的解约决定。

"百事可乐有意先与员工解除合约，再由康师傅与员工续约。"一位现场的工人告诉记者。在这个过程中，百事可乐员工的质疑和顾虑是，百事可乐的解约行为是单方面的，事前没有和员工谈判。另外，解约之后，康师傅会不会与其续约并没有保障。

"可能解约了之后，我的工作就彻底失去了。"上述工人担忧地说。

针对上述担忧，重庆百事可乐工厂工会人士向百事可乐中国公司提出了四点要求，包括：①并购前解除所有员工的劳动合同，百事公司必须一次性支付每位员工工龄经济补偿；②对于百事可乐中国公司违背员工心理契约行为，向所有员工一次性支付不低于8000元/每月（按工龄计算）的遣散费；③对愿意与新公司继续签订劳动合同的员工，保证工资、工作职务、工作地点不变，两年内劳动合同必须无条件续签；④对于40岁以上员工必须承担社保至退休前的交付。

11月14日晚上，百事可乐中国公司发来声明称："百事可乐是一家负责任的雇主。我们高度承诺保护员工的权益。我们与康师傅的联盟倡议有待政府批准。若获批准，瓶装厂系统劳动合同将继续履行。在新的联盟下，百事将一如既往地保持其在中国积极参与、密切合作的市场地位。我们正与员工进行积极沟通。"

在百事可乐中国公司多地的瓶装厂停产之后，百事可乐再次被推到了风口浪尖。

事实上，据本报记者了解，在11月5日公布了百事可乐与康师傅的联盟协议之后，百事可乐就已经开始筹备瓶装厂员工的后路。

然而，这却依然未能阻止在百事可乐中国公司的大部分瓶装厂发生停工的事件。

根据百事可乐中国公司的瓶装厂员工传给记者的一封由百事可乐公司大中华区主席孟可仕发出的、未经百事可乐公司方面证实的百事可乐员工沟通的公开信，孟可仕在其间表示："在康百联盟获得批准之后，和现在一样，你们将仍然在各自的岗位经营百事可乐的业务和品牌。每个百事可乐瓶装厂将继续在你们的总经理和管理层的管理下，一切经营照旧。"

同时，孟可仕还表示："已经成立了专门的领导工作小组来帮助大家……并且，我特别授权给所有的工厂的员工发一个月的特殊绩效奖金以鼓励大家。"

不过，上述表态对于大多数百事可乐员工而言，并不能抚平他们焦虑的心情。

"这些说法都太笼统了。在实际中，这样的表态并不能保证我们的权益。"上述将该公开信传送给记者的人士认为，"这样的照旧都只是暂时的，而且这份协议也只是由百事可乐发出的，未来康师傅当了老板，这份表态就成了一纸的空文。"

最新的百事可乐声明也提到，"若获批准，瓶装厂系统劳动合同将继续履行"。但这是否意味着不会解约，记者就此问题多次致电百事可乐中国公司公关总监樊志敏，其电话一直处于无人接听的状态。

而根据本报记者在现场得到的消息，即便百事可乐方面已经作出这样的表态，但一个不可改变的事实是，百事可乐已经开始着手与一部分瓶装厂员工解约，并要求其在未来与康师傅续签合同。

"通常而言，类似这样的并购协议，公司都不会对原有企业的架构进行多大的改变。"正略钧策管理咨询顾问闫强认为，百事可乐的处理方式有欠妥当，"至少应当暂时保持现状，保证原有合同不改变"。

根据统计，除了上述五个城市外，兰州等多个城市的百事可乐瓶装厂也发生了类似的抗议事件。

同时据称由于停工活动，目前沃尔玛、家乐福、欧亚超市百事可乐都已经全面开始断货。

（资料来源：康百联盟再生变数：张孜异，陶斯然. 百事员工停工维权［N］. 21世纪经济报道，2011 - 11 - 15. 本文有删改）

通过阅读上述案例，并查阅相关资料，请回答下列问题：

（1）你认为百事可乐公司的财务管理目标是什么？

（2）在"康百联盟"过程中，百事可乐公司要处理好哪些财务关系？

（3）百事可乐公司对员工的做法是否妥当？如果你是公司的高级管理人员，你会采取什么措施？

案例二：

## 凡客的烦恼与抉择

作为凡客诚品（北京）科技有限公司（以下简称凡客）董事长兼首席执行官（CEO），陈年为凡客2011年制定了100亿元的销售目标，但是，12月8日，接近凡客高层的知情人士透露，"按照已完成的销售情况预估，凡客2011年最终的营业收入约为35亿元，这一数据与他们100亿元目标相去甚远"。

除销售未达目标之外，凡客还背负高额的成本。凡客扣除产品采购成本的综合毛利率约为30%，而物流成本则约占销售额的20%，市场推广费用占营业额的比例超过10%，人力成本约占销售额的约20%。

上述内部人士称，根据上述数据，若以凡客2011年销售额为35亿元计算，该公司2011年的亏空约为7亿元。

2011年11月5日，凡客向美国证监会提交了首次公开募股（IPO）上市的计划书。但是，最终结果显示，凡客推迟了该计划。上述知情人士称，"出现这种状况一般有两种情况：一种是财务数据出现问题；另一种是提交公司自己撤回了上市请求"。

2011年11月底，凡客前副总裁吴声离职。吴声的辞职不仅仅是个案，随着更多创业元老离开凡客，人们开始拷问"凡客的管理体制是否出现问题"。

从2007年10月创立至今，凡客仅用了4年时间便站到了领先行业的云端。而从IPO延期、高管离职到年度销售远低于预期，1个多月时间，凡客便从云端又跌落回地面。

### 凡客的人才之踵

"资本助力"、"跑马圈地"、"快者为王"等一度成为电子商务领域的"成功宝典",凡客从其诞生之初,便被资本裹挟着快速奔跑。资金一轮轮跟进,从 2007 年 10 月至今,风投"凶猛",共融资六轮,约 4.2 亿美元。投资人包括雷军、IDG、联创策源、启明创投、赛富合伙人、老虎资本以及淡马锡等。

但是,伴随着凡客的快速扩张,管理难度也日益提升。如果管理不当,直接导致的后果是,优秀人才的大批流失。

有知情人士告诉记者,轮岗是凡客管理体系中的一项重要策略。但是,它的轮岗幅度过大,也带来不利影响。"有财务部门的人去掌管仓储,也有技术部门的人去管理市场部。"业内人士向记者透露。这导致的后果是,被调动者觉得自身缺少被信任感,属下的员工又对领导的专业知识和技能颇有微词。

同时,凡客诚品内部人士抱怨:"由于凡客公司服装品牌的逐步提升,公司已经越来越从一家互联网公司向时尚类公司转变。这使得公司文化、经营理念和最初都有不少相背离之处,可能也引起不少老员工的不适和离开"。

### 凡客的外部挑战

根据易观国际发布的《2011 年第 3 季度中国网上零售市场季度监测》数据显示,2011 年第 3 季度中国网上零售市场交易规模达到 2117.7 亿元。其中,服装类商品销量达到 440.5 亿,环比增长仅为 0.4%。消费者的刚性需求并未显著增长,但是生产成本却持续上涨。

此外,随着更多电子商务企业加入竞争行业,下游供应链厂商的主动权也日益增强。此前,电商企业和供应商可按照一定账期付款即可。如今,更多供应商提出必须支付预付款的要求,有些预付款的比例甚至高达 50%,这对于普遍现金流紧张的电子商务企业是个不小的挑战。

事实上,2011 年下半年开始,凡客等中国主流 B2C 公司都缩紧支出,扩大收入。目前,绝大部分电商都削减了营销成本的支出。当当网开始为广告开支寻找新的支持,包括要求每家商户拿出 500 元作为促销支持;京东商城也取消了全场免运费的优惠。

### 凡客的IPO

此外,凡客的上市,亦是业界极为关注的事件,因为它对于中国电子商务行业具有标杆性的意义。按照凡客的既定计划,其将在 2011 年第 4 季度赴美 IPO。曾有消息称,如果计划不变,凡客应在 2011 年 11 月 12 日盘后,发布上市消息。然而,截至目前,凡客上市的时间点仍然待定。

2011 年以来,主要受欧洲债务危机和美国失业率居高不下导致消费信心下降等因素,IPO 表现不佳。根据彭博社的统计数据显示,凡客 2011 年上市第一年的公司股价累计下跌 26%。而中国赴美 IPO 的企业更是悉数跌破发行价，部分惨淡的上市企业股价甚至跌到 1/20。

一位外资投行人士告诉记者，凡客诚品 2011 年第 4 季度最终放弃上市的原因是，对资本市场给出的估值不满意。他认为，凡客诚品 IPO 是没有问题的，关键看陈年和投资人是否愿意接受较低的估值。

如果凡客不愿"低价上市"，陈年似乎就只剩下一条选择：继续做大凡客的销售额，从而继续推高凡客的估值，然后等待下一次融资或上市的机会。

有关凡客人士也表示，"资本结构已经决定了，凡客的估值只能越做越高，往上走，做行业第一"，"凡客不可能不扩张。这是一条不归路，只能往前走"。

不过，在继续扩张的同时，陈年亦须更好地管理凡客的现金流，并有效控制亏损额，让凡客变得更加"健康"。

（资料来源：http://epaper.21cbh.com/html/2011 - 12/05/content）

思考题：

（1）凡客自诞生以来，主要通过什么渠道得到资金？

（2）什么是 IPO？凡客最终放弃上市的主要因素是什么？

（3）凡客现阶段要处理好哪些财务关系？

# 参考答案

## 二、练习题

### （一）简答题

1. 答：企业的财务关系是指企业在组织财务活动过程中与各方面发生的各种各样的经济利益关系。这些关系主要包括以下几个方面：

（1）企业与政府之间的财务关系；

（2）企业与投资者和受资者之间的财务关系；

（3）企业与债权人、债务人的财务关系；

（4）企业内部各单位之间的财务关系；

（5）企业与职工之间的财务关系。

2. 答：所谓财务管理，就是按照既定的目标，通过计划、决策、控制、分析等手段，组织企业财务活动、处理财务关系的一项综合性的管理工作。

3. 答：企业资金运动主要有以下规律：

（1）资金形态并存性、继起性规律；

（2）资金收支适时平衡规律；

（3）各种支出收入相互对应规律；

（4）资金运动同物资运动既一致又背离规律；

（5）企业资金同社会总资金依存关系规律。

4. 答：

（1）利润最大化目标

优点：企业追求利润最大化，就必须讲求经济核算、加强管理、改进技术、提高劳动生产率、降低产品成本。这些措施都有利于资源的合理配置，有利于经济效益的提高。

缺点：

①利润是指企业一定时期实现的税后净利润，它没有考虑资金的时间价值；

②没有反映创造的利润与投入的资本之间的关系；

③没有考虑获取利润与其所承担风险的大小；

④片面追求利润最大化，可能会导致企业的短期行为，与企业发展的战略目标相背离。

（2）资本利润率最大化或每股利润最大化目标

优点：可以有效地克服利润最大化目标的缺陷（如不能反映出企业所得利润额同投入资本额之间的投入产出关系、不能科学地说明企业经济效益水平的高低、不能在不同资本规模企业或同一企业不同时期之间进行比较等）。它既能反映企业的盈利能力和发展前景，又便于投资者评价企业经营状况的好坏，分析和揭示不同企业盈利水平的差异，确定投资方向和规模，是投资者进行投资决策时需要考虑的一个重要标准。

缺点：没有考虑资金的时间价值和风险因素，也不能避免企业的短期行为，也会导致与企业发展的战略目标相背离。

（3）企业价值最大化目标

优点：

①该目标考虑了资金的时间价值和投资的风险；

②有利于避免经营者管理上的片面性和短期行为，努力寻求股东财富的最大化，使净资产保值增值；

③强调在企业价值增长中应满足各方利益的关系，促使公司树立良好的公众形象，正确处理企业发展与社会、经济协调发展；

④该目标有利于社会资源合理配置。社会资金通常流向企业价值最大化或股东财富最大化的企业或行业，有利于实现社会效益最大。

缺点：

①对于股票上市企业，虽然可以通过股票价格高低的变动揭示企业价值，但是股价受多种因素的影响，特别在即期市场上的估价不一定能够直接揭示企业的获利能力，只有长期趋势才能做到这一点。

②对于非上市企业，只有对企业进行专门的评估才能真正确定其价值，而在评估企业的资产时，由于受评估标准和评估方式的影响，这种评估不易做到客观和准确，从而导致企业价值确定的困难。

5. 答：为了解决股东与经营者的矛盾，应采取让经营者的报酬与绩效相联系的办法，并辅之以一定的监督措施。

（1）解聘，即通过所有者约束经营者。如果经营者决策失误，经营不力，未能采取一切有效措施使企业价值达到最大，就解聘经营者，经营者担心解聘而不得不实现财务管理目标。

（2）接收，即通过市场约束经营者。当一个企业因管理不善而走向衰败，使股价暴跌至低于预期的合理价格时，它极可能被强行收购。一旦企业被接收，经营者通常会随之被解聘。为了避免这种风险，经营者必须采取一切措施提高股票价格。

（3）激励，即把经营者的报酬与其绩效挂钩，使其更愿意自觉采取措施实现企业价值最大化。激励通常有两种方式：一种是"股票期权"方式；另一种是"绩效股票"方式。

6. 答：企业财务管理的原则一般包括如下几项：

（1）货币时间价值原则

长期投资决策中的净现值法、获利指数法和内含报酬率法，都要运用到货币时间价值原则；筹资决策中比较各种筹资方案的资本成本、分配决策中利润分配方案的制定和股利政策的选择，营业周期管理中应付账款付款期的管理、存货周转期的管理、应收账款周转期的管理等，都充分体现了货币时间价值原则在财务管理中的具体运用。

（2）资金合理配置原则

资金合理配置是指企业在组织和使用资金的过程中，应当使各种资金保持合理的结构和比例关系，保证企业生产经营活动的正常进行，使资金得到充分有效的运用，并从整体上取得最大的经济效益。

（3）收支积极平衡原则

企业要做到资金收支平衡，在企业内部，要增收节支，缩短生产经营周期，生产适销对路的优质产品，扩大销售收入，合理调度资金，提高资金利用率；在企业外部，要保持同资本市场的密切联系，加强企业的筹资能力。

（4）成本效益原则

成本效益原则是指对企业生产经营活动中的所费与所得进行分析比较，对经济行为的得失进行衡量，使成本与收益得到最优的结合，以求获得最多的盈利。

（5）收益风险均衡原则

收益风险均衡原则要求企业经营者不应一味追求高风险不顾企业财务风险，也不能过于保守。片面强调财务安全，这也会使企业坐失良机，裹足不前。企业应该评估自身适应环境的盈利能力，承担风险的能力，以及在对风险作出合理的分析和权衡之后，选择对企业最有利的方案。

（6）利益关系协调原则

企业是由各种利益集团组成的经济联合体。在处理各种关系时，应有一定的灵活性，顾全企业的长远利益。例如，企业与投资者应采用按资分配的原则进行处理；企业与债权人、债务人的利益关系则按信用要求处理；企业与内部各单位的利益关系应通过内部经营责任制的执行进行处理；企业与职工的利益关系则要按照按劳分配的原则加以协调；企业同国家的利益关系应按照税法的规定，及时足额计算上缴有关税收，而企业与消费者的利益关系应按照诚信的要求进行处理和协调等。

（7）分级分权管理原则

在规模较大的现代化企业中，对财务活动必须实行分级分权管理。所谓分级分权管理，就是在企业总部统一领导的前提下，合理安排各级单位和各职能部门的权责关系，充分调动各级各部门的积极性。财务管理实行统一领导、分级分权管理，就是要在加强财务集中管理的同时，实行各职能部门的分口管理，按其业务范围规定财务管理的职责和权限，核定指标，定期进行考核。

7．答：财务管理的环节是指企业财务管理的工作步骤与一般工作程序。一般而言，企业财务管理包括财务预测、财务决策、财务计划、财务控制和财务分析等环节。它们相互间紧密相连，首尾相接地循环周转，形成了完整的企业财务管理工作体系。

8．答：在现阶段，企业财务经理的职责体现在筹集资本、资本运用、股利分配、货币资金的管理、信用和收款、保险、计划和控制等方面，而在新的环境将对财务经理提出更高的要求。在经济和信息时代下，无论是投资者还是企业管理者，对于企业经营信息的准确性和实时性的要求都达到了空前的高度。只有以信息化建设为手段，通过信息化提高内部控制能力，提高财务支持服务水平，高效配置资源，才能提升企业竞争力。管理信息化给财务经理带来巨大的冲击，要求财务经理必须围绕企业发展这一战略目标实行管理信息化战略，切实提升企业竞争力。

（二）单项选择题

1．B

解析：一般来说，企业可将货币资金直接投放在企业的成产经营上，如购置流动资产、固定资产、无形资产等；也可以现金、实物或无形资产等方式向其他单位投资，形成短期投资和长期投资。

2. C

解析：企业的资金分配是指对税后利润进行分配。税后利润首先要提取公积金和公益金，分别用于扩大积累、弥补亏损和职工集体福利设施，其余利润作为投资收益分配给投资者。

3. A

解析：投资与受资的关系实质上是所有权与经营权的关系。

4. D

解析：企业与债权人之间的财务关系体现为债务与债权的关系。

5. B

解析：接收，即通过市场约束经营者。解聘，即通过所有者约束经营者。激励，即把经营者的报酬与其绩效挂钩，使其更愿意自觉采取措施实现企业价值最大化。激励通常有两种方式：一种是"股票期权"方式；另一种是"绩效股票"方式。

6. A

解析：债权人通常有以下措施保障自己的利益：①在借款合同中加入限制性条款，规定资金的用途，限制新债的数额等；②发现公司有侵犯其财产意图时，提前收回债权，终止合作。

7. D

解析：A 选项，企业购买其他企业股票，企业是投资者，体现的是本企业与受资者之间的财务关系；B 选项，其他企业投资购买本企业债券，体现的是本企业与债权人之间的财务关系；C 选项，企业向国家税务机关缴纳税款，体现的是本企业与政府之间的财务关系。

8. D

解析：企业价值最大化的财务管理目标，考虑了资金的时间价值和投资的风险；有利于避免经营者管理上的片面性和短期行为；资本利润率最大化或每股利润最大化目标，与利润最大化目标一样，该指标仍然没有考虑资金的时间价值和风险因素，也不能避免企业的短期行为，也会导致与企业发展的战略目标相背离。

9. D

解析：企业财务管理的原则包括货币时间价值原则、资金合理配置原则、收支积极平衡原则、成本效益原则、收益风险均衡原则、利益关系协调原则、分级分权管理原则等原则。

10. B

解析：财务决策是财务管理的核心环节，是编制财务计划、进行财务控制的基础。

（三）多项选择题

1. A、B、C、D

解析：财务关系主要包括以下几个方面：

（1）企业与政府之间的财务关系；

（2）企业与投资者和受资者之间的财务关系；

（3）企业与债权人、债务人的财务关系；

（4）企业内部各单位之间的财务关系；

（5）企业与职工之间的财务关系。

2. A、B

解析：选项 A 和选项 B 属于营运活动；选项 C 属于投资活动；选项 D 属于筹资活动。

3. A、C

解析：由企业筹资活动引起的财务关系有两种：一种是企业吸收所有者投资，体现的是企业与投资者之间的财务关系；另一种是通过负债筹资，体现的是企业与债权人之间的财务关系。

4. A、D

解析：首先，股东可能要求经营者改变举债资金的原定用途，将其投资于风险较高的项目，这就会增加偿债的风险；其次，所有者或股东可能未征得现有债权人同意，而要求经营者发行新债或举借新债，致使公司负债比例加大，提高了公司的财务风险。

5. A、B、C、D

一般而言，企业财务管理包括财务预测、财务决策、财务计划、财务控制和财务分析等环节。

（四）判断题

1. 错

解析：从生产经营企业来看，资金运动包括以下几方面的经济内容：①资金筹集；②资金投放；③资金耗费；④资金收入；⑤资金分配。上述的资金活动并不是孤立的，而是相互依存、相互制约的，它们构成了完整的财务活动体系，这也是财务管理活动的主要内容。

2. 错

解析：民营企业与政府之间体现的是一种强制和无偿的分配关系。

3. 对

4. 对

5. 对

## 三、案例分析

案例一参考答案：

（1）我认为百事可乐公司的财务管理目标是企业价值最大化。因为"康百联盟"若获批准，将使得百事可乐及其现有的合作伙伴能借助优势互补，更有效地运营业务，提升市场的占有率，考虑了公司以后的长远的战略发展的需要。百事可乐公司是在权衡企业相关者利益的约束下，实现所有者或股东权益的最大化。

（2）股东作为所有者在企业中承担着最大的义务和风险，债权人、职工、客户、供应商和政府也因为企业而承担了相当的风险。因此，百事可乐公司要处理这些利益相关者在"康百联盟"过程中的财务关系。

（3）百事可乐公司虽然承诺若获政府批准，瓶装厂系统劳动合同将继续履行，但已经开始着手与一部分瓶装厂员工解约，并要求其在未来与康师傅续签合同。这种做法显然是不妥当的。作为百事可乐的高管人员，会建议公司、康师傅和工人三方坐下来一起谈，才可能有效解决。而不是单方面决定让员工解约和再签约，这样做使员工缺少应有的保障。

案例二提示：

（1）凡客主要通过风投（VC）吸取发展的资金。

（2）IPO 是指首次公开募股，是企业透过证券交易所首次公开向投资者发行股票，以期募集用于企业发展资金的过程。凡客最终放弃上市的主要因素是资本市场不景气，宏观环境不乐观。

（3）凡客要处理好内外各种关系。内部关系包括与投资者、职员的关系，外部包括与供应商、竞争者的关系。

# 第二章 财务价值

## 思考与练习题

### 一、预习要览

#### （一）关键概念

货币时间价值　　单利　　终值　　现值　　复利　　名义利率

年金　　普通年金　　年金终值　　年金现值　　偿债基金　　年资本回收额

先付年金　　先付年金终值　　先付年金现值　　递延年金　　永续年金

风险　　系统风险　　非系统风险　　经营风险　　财务风险

#### （二）重要公式

单利终值的计算公式为：$F = P + P \times i \times n$，或 $F = P + I$

复利终值的计算公式为：$F = P \times (1+i)^n = P \times (F/P, i, n)$

复利现值的计算公式可由复利终值公式推导得出：$P = F \times (P/F, i, n)$

实际利率：$i = (1 + \dfrac{r}{m})^m - 1$

年金终值的计算公式为：$F = 年金 \times 年金终值系数 = A \times (F/A, i, n)$

偿债基金的计算公式表示为：$A = 年金终值 \times 偿债基金系数 = F \times (A/F, i, n)$

年金现值的计算公式为：$P = 年金 \times 年金现值系数 = A \times (P/A, i, n)$

年资本回收额的计算公式表示为：

$A = 年金现值 \times 年资本回收额系数 = P \times (A/P, i, n)$

先付年金终值的计算公式为：

$F = A \times [(F/A, i, n) \times (1+i)]$

$F = A \times [(F/A, i, n+1) - 1]$

先付年金现值的计算公式为：

$P = A \times [(P/A, i, n) \times (1+i)]$

$$P = A \times [ (P/A, i, n-1) + 1]$$

递延年金终值的计算公式为：

$$F = A \times (F/A, i, n)$$

递延年金终值的计算公式为：

$$P = A \times (P/A, i, n)(P/F, i, m)$$

$$P = A \times (P/A, i, n+m) - A(P/A, i, m)$$

$$P = A \times (F/A, i, n)(P/F, i, m+n)$$

永续年金现值计算公式为：$P = A/i$

期望报酬率的计算公式为：$E = \sum\limits_{i=1}^{n} X_i P_i$

方差的计算公式为：$\sigma^2 = \sum\limits_{i=1}^{n} (X_i - E)^2 P_i$

标准差的计算公式为：$\sigma = \sqrt{\sum\limits_{i=1}^{n} (X_i - E)^2 P_i}$

标准离差率的计算公式为：$V = \sigma/E$

期望投资收益率的计算公式为：

期望投资收益率 = 无风险收益率 + 风险收益率

组合投资风险收益率的计算公式为：

$$R = \beta \times (K_m - R_f)$$

## 二、练习题

### (一) 简答题

1. 哪些因素决定着资金时间价值的大小？

2. 现实经济生活中存在哪几种主要的年金形式？

3. 如何计量投资的风险程度？

4. 怎样正确理解风险与收益之间的关系？

### (二) 单项选择题

1. 资金时间价值是指没有风险和没有通货膨胀条件下的（　　　）。

    A. 社会的成本利润率　　　　　　　　B. 社会平均资金利润率

    C. 企业利润率　　　　　　　　　　　D. 企业的投资利润率

2. 在普通年金终值系数的基础上，期数加1、查表后系数减1所得的结果，在数值上等于（　　　）。

    A. 普通年金现值系数　　　　　　　　B. 先付年金现值系数

    C. 普通年金终值系数　　　　　　　　D. 先付年金终值系数

3. 下列说法中，不正确的是（　　　）。

    A. 资金时间价值可以用纯利率表示

    B. 偿债基金系数与年金现值系数互为倒数

    C. 在现值和利率已知的条件下，计息期数越多复利终值越大

    D. 利率中包含时间价值、风险价值和通货膨胀的因素

4. 某人在年初存入一笔钱，存满 4 年后每年年末取出 1000 元，至第 8 年年末取完，银行存款利率为 10%。那么此人应在最初存入银行（　　　）元钱。

    A. 2848         B. 2354         C. 2165         D. 2032

5. 下列各类年金中，只有现值而没有终值的年金是（　　　）。

    A. 普通年金        B. 递延年金        C. 永续年金        D. 先付年金

6. 某公司从银行借入 100 万元，年利率为 10%，每半年计算复利一次，那么该项借款的实际利率为（　　　）。

    A. 10.25%        B. 10%        C. 5%        D. 11%

7. 林先生在 5 年后有 5000 元债务到期需要偿还，打算从现在开始于每年的年末在银行存入一笔等额资金，年利率为 10%。他每年应存入（　　　）元。

    A. 1000         B. 819         C. 721         D. 834

8. 向女士准备存入银行一笔款项，用于在 5 年内每年以 2000 元的相等金额支付车辆保险费，利率为 6%。她应存入（　　　）元。

    A. 11 274        B. 8424.8        C. 9040        D. 10 000

9. 已知（F/A，5%，9）= 11.027，（F/P，5%，1）= 1.05，（F/P，5%，10）= 1.6289，则期限为 10 年、利率为 5% 的先付年金终值系数为（　　　）。

    A. 11.5784        B. 12.077        C. 17.9619        D. 13.2073

10. 某企业为设立一项研究开发基金，拟在银行存入一笔资金，以后可以每年年末取出利息 30 000 元，利率为 6%。该企业应存入（　　　）元。

    A. 750 000        B. 500 000        C. 180 000        D. 120 000

11. 无限期租用一座办公楼，每年付租金 10 万元，年利率为 8%，则租金的现值是（　　　）万元。

    A. 135         B. 250        C. 125        D. 260

12. 普通年金终值系数的倒数又叫（　　　）。

    A. 复利终值系数              B. 偿债基金系数

    C. 年金现值系数              D. 投资回收系数

13. 甲项目的标准离差率小于乙项目，则（　　　）。

    A. 甲项目的风险小于乙项目        B. 甲项目的风险与乙项目相同

C. 甲项目的风险大于乙项目　　　　D. 不能判断风险大小

14. 在财务管理中，计量风险大小的指标有（　　）。

　　A. 方差　　　　　　　　　　　B. 平均差

　　C. 标准离差率　　　　　　　　D. 相关系数

15. 某企业普通股股票的 β 系数为 1.5，无风险利率为 8%，市场上全部股票的平均收益率为 10%。则该企业股票的资本成本为（　　）。

　　A. 8%　　　　B. 11%　　　　C. 12%　　　　D. 15%

16. 下列各项中，属于证券投资不可分散风险的是（　　）。

　　A. 利息率风险　　　　　　　　B. 违约风险

　　C. 清算风险　　　　　　　　　D. 流动性风险

17. 若某只股票的 β 系数为 1，则下列表述正确的是（　　）。

　　A. 该股票的市场风险等于全部市场股票的风险

　　B. 该股票的市场风险小于全部市场股票的风险

　　C. 该股票的市场风险大于全部市场股票的风险

　　D. 该股票的市场风险与全部市场股票的风险无关

18. 现有两个投资项目甲和乙，经过计算甲、乙方案的期望值分别为 5%、10%，标准离差分别为 10%、19%，那么（　　）。

　　A. 甲项目的风险程度与乙项目的风险程度相同

　　B. 甲项目的风险程度高于乙项目的风险程度

　　C. 甲项目的风险程度低于乙项目的风险程度

　　D. 不能比较两个项目的风险程度

19. 下列各项中，不属于证券投资组合风险的是（　　）。

　　A. 系统性风险　　　　　　　　B. 非系统性风险

　　C. 可分散风险　　　　　　　　D. 财务风险

20. 下列各项中，不属于公司特有风险的是（　　）。

　　A. 经营风险　　　　　　　　　B. 财务风险

　　C. 筹资风险　　　　　　　　　D. 市场风险

（三）多项选择题

1. 递延年金具有（　　）特点。

　　A. 第一期没有收支额　　　　　B. 其终值大小与递延期长短有关

　　C. 其现值大小与递延期长短有关　D. 计算现值的方法与普通年金相同

2. 在（　　）情况下，实际利率等于名义利率。

　　A. 单利　　　　　　　　　　　B. 复利

C. 每年复利计息次数为一次　　　　　　D. 每年复利计息次数大于一次

（四）判断题

1. 普通年金与先付年金的区别仅在于年金个数的不同。　　　　　　（　　）

2. 资金时间价值是指在没有风险和没有通货膨胀条件下的社会平均资金利润率。

（　　）

3. 在一年内计息几次时，实际利率要高于名义利率。　　　　　　（　　）

4. 凡一定时期内每期都有收款或付款的现金流量，均属于年金问题。　（　　）

5. 在利率同为 10% 的情况下，第 10 年年末的 1 元复利终值系数小于第 11 年年初的 1 元复利终值系数。　　　　　　（　　）

6. 银行存款利率、贷款利率、各种债券利率、股票的股利率都可以看作是资金的时间价值率。　　　　　　（　　）

（五）计算分析题

1. 某人在 5 年后需用现金 50 000 元，如果每年年末存款一次，在利率为 10% 的情况下，此人每年年末应存入多少元？若在每年年初存入的话应存入多少元？

2. 某企业于第六年年初开始每年等额支付一笔设备款项 20 000 元，连续支付 5 年，在利率为 10% 的情况下，若现在一次支付应付多少？该设备在第 10 年年末的总价值是多少？

3. 某公司拟购置一台设备，目前有 A、B 两种方案可供选择，A 设备的价格比 B 设备高 50 000 元，但每年可节约维修保养费用 10 000 元。假定 A 设备的经济寿命为 6 年，利率为 10%，该公司在 A、B 两种设备必须择一的情况下，应选择哪一种设备？

## 三、案例分析

案例一：

### 玫瑰花的信誓

1797 年 3 月，拿破仑在卢森堡第一国立小学发表演说时，送给该校的校长一束价值 3 路易的玫瑰花，并即兴承诺："为了答谢贵校对我和夫人约瑟芬的盛情款待，我不仅今天献上一束玫瑰花，而且只要我们法兰西存在一天，将来每年的今天我都会派人送给贵校一束价值相当的玫瑰花，以示法兰西与卢森堡友谊永存。"

后来，拿破仑穷于应付接连不断的战争和一系列错综复杂的政治事件，最终因失败而被流放到圣赫勒那岛，自然也就没有兑现对卢森堡的许诺。

卢森堡人对此事却一直铭记在心，竟于 1984 年年底向法国政府提起这一"赠送玫瑰花"的诺言，要求给予相应补偿。具体办法是：①要么从 1798 年起，用 3 个路易作为一束玫瑰花的本金，按5厘复利计息清偿所欠玫瑰花；②要么在法国各大报刊上公开承认拿破仑是个言而无信的小人。法国政府当然不愿贬损拿破仑的声誉，但按复利计算出来的数字让他们惊呆了：原来区区3路易的许诺，至今本息已高达1 375 596法郎。

法国政府经过反复权衡，才想出一个让卢森堡能够接受的赔偿方案："以后不论在精神上还是在物质上，法国将始终不渝地支持和赞助卢森堡大公国的中小学教育事业，来兑现拿破仑将军一诺千金的玫瑰花信誓。"

[资料来源：宋蔚蔚. 营销的"复利"模式 [J]. 企业研究，2003（11）]

思考题：

（1）你能计算从1798年到1984年的年金终值系数吗？

（2）你能从上述案例得到什么有益的启示？

案例二：

### 华丰公司的货币时间价值

华丰公司某经理曾预测其女儿（目前正读高中一年级）三年后能够顺利考上北京大学计算机专业，届时需一笔学费，预计为3万元。他问会计张红：如果按目前存款利率4%给女儿存上一笔，以备大学之需，现在需一次性存入多少钱？

华丰公司四年后将有一笔贷款到期，需一次性偿还2000万元，为此华丰公司拟设置偿债基金，银行存款利率为6%。

华丰公司有一个产品开发项目，需一次性投入资金1000万元，该公司目前的投资收益率水平为15%，拟开发项目的建设期为两个月，当年投产，当年见效益，产品生命周期预计为10年。

华丰公司购买一台柴油机，以更新目前的汽油机。柴油机价格较汽油机高出4000元，每年可节约燃料费用1000元。

（资料来源：http：//wenku. baidu. com/view/2692f01b650e52ea551898d2. html）

思考题：

（1）解决偿债基金和资本回收问题通常用到何种系数表。

（2）在已知年金现值、终值和贴现率（或收益率）情况下计算期限；在已知年金现值、终值和期限情况下计算贴现率（或收益率）二者均是复杂的过程，试总结一下经验和规律。

（3）你是怎样理解时间价值在财务管理中的重要性。

# 参考答案

## 二、练习题

### （一）简答题

1. 哪些因素决定着资金时间价值的大小？

答：以下因素决定着资金时间价值的大小：

（1）资金的使用时间。在单位时间的资金增值率一定的条件下，资金使用时间越长，则资金的时间价值越大；使用时间越短，则资金的时间价值越小。

（2）资金数量的大小。在其他条件不变的情况下，资金数量越大，资金的时间价值就越大；反之，则资金的时间价值越小。

（3）资金投入和回收的特点。在总资金一定的情况下，前期投入的资金越多，资金的负效益越大；反之，后期投入的资金越多，资金的负效益越小。在资金回收额一定的情况下，离现在越近的时间回收的资金越多，资金的时间价值就越大；反之，离现在越远的时间回收的资金越多，资金的时间价值就越小。

（4）资金周转的速度。资金周转越快，在一定的时间内等量资金的时间价值越大；反之，资金的时间价值越小。

2. 现实经济生活中存在哪几种主要的年金形式？

现实经济生活中存在以下几种主要的年金形式：

（1）普通年金又称后付年金。它是指每期期末有等额的收、付款项的年金。这种年金形式是在现实经济生活中最为常见。普通年金终值犹如零存整取的本利和，它是一定时期内每期期末等额收付款项的复利终值之和。

（2）预付年金也称先付年金、即付年金。它是在每期期初等额的系列收款、付款的年金。

（3）递延年金又称延期年金。它是指在最初若干期没有收、付款项的情况下，后面若干期等额的系列收付款项。

（4）永续年金。它是指无限期等额收、付的特种年金。

3. 如何计量投资的风险程度？

答：企业的投资面临着风险，所以我们在对投资进行分析时，必须要考虑投资的风险程度。风险程度是指投资风险的大小，可以用绝对值即投资标准差表示，也可以用相对值即投资收益标准差率表示，一般是运用统计测算的方法进行衡量。

4. 怎样正确理解风险与收益之间的关系？

答：投资的收益与风险并存，且成正比。风险减少的同时，预期的回报收益也将减少。同样，要想取得较高的收益，就不得不承受较大的风险。投资要力争收益最大化，风险最小化。

（二）单项选择题

1. B

2. D

3. B

4. A

解析：存满4年后的终值P（F/P，10%，4）与从第4年年末到第8年年末取出的年金现值1000（P/A，10%，5）（1+10%）相等。

5. C

6. A

解析：实际利率 $i = (1 + \frac{r}{m})^m - 1$。其中，r 为一年的名义利率，m 为一年的计息次数。

7. B

解析：5000＝A（F/A，10%，5）

8. B

解析：P＝A（P/A，6%，5）

9. D

解析：期限为10年、利率为5%的先付年金终值系数＝（F/A，5%，9）×（F/P，5%，1）＋（F/P，5%，10）。

10. B

解析：P＝30 000÷6%

11. C

解析：P＝100 000÷8%

12. B

13. A

14. C

15. B

解析：K＝$R_f$＋β（$R_m$－$R_f$）＝8%＋1.5×（10%－8%）

16. A

17. A

18. B

解析：甲项目的标准离差率＝10％÷5％；乙项目的标准离差率＝19％÷10％。

19. C

20. D

（三）多项选择题

1. A、C

2. A、C

（四）判断题

1. 错

2. 对

3. 对

4. 错

5. 错

6. 对

（五）计算分析题

1. 解析：

（1）根据普通年金终值计算原理，50 000＝A(F/A，10％，5)，A＝8189.87(元)

（2）根据预付年金终值计算原理，50 000＝A(F/A，10％，5)(1＋10％)，

A＝7445.34（元）

2. 解析：

（1）该设备系列支付款的现值＝2×（P/A，10％，5）×（P/F，10％，4）

＝2×3.7908×0.6830

＝5.1782（万元）

（2）该设备在第10年年末的总价值＝2×（F/A，10％，5）×（1＋10％）

＝13.4312（万元）

3. 解析：

A设备每年节约维修保养费用的现值＝10 000×（P/A，10％，6）

＝10 000×4.3553

＝43 553（元）

A设备的价格比B设备高50 000元，所以应选择B设备。

## 三、案例分析

案例一提示：

（1）根据复利、年金来进行计算；

（2）从货币时间价值方面来进行阐述自己的启示。

案例二提示：

（1）本题目要熟知偿债基金系数和资本回收系数分别与哪个年金系数互为倒数，由此解答。

（2）采用插值法求解。

（3）时间价值的意义。

# 第三章　筹资管理

## 思考与练习题

### 一、预习要览

#### （一）关键概念

筹资　　筹资渠道　　筹资方式　　吸收直接投资　　发行股票筹资

金融机构贷款筹资　　发行债券筹资　　商业信用筹资　　租赁筹资

企业内部积累　　直接筹资　　间接筹资　　短期筹资　　长期筹资

内部筹资　　外部筹资　　筹资规模　　直线回归分析法　　销售百分比法

信贷额度　　信贷周转协定　　补偿性余额　　信用债券　　抵押债券

可转换债券　　不可转换债券　　融资租赁　　商业信用成本

#### （二）重要公式

因素分析法：

资金需要量＝（上年资金实际平均占用额－不合理平均占用额）×（1±预测年度销售增减百分比）×（1±预测年度资金周转速度变动百分比）

直线回归分析法：

预测资金需要量的预测模型为：$y = a + bx$，建立方程组：

$$\sum y = na + b\sum x$$

$$\sum xy = a\sum x + b\sum x^2$$

销售百分比法：

需要追加的外部筹资额 $= \Delta S \sum \dfrac{RA}{S} - \Delta S \sum \dfrac{RL}{S} - \Delta RE$

承诺费＝未使用的金额×承诺费用率

补偿性余额贷款实际利率 $= \dfrac{名义利率}{1 - 补偿性余额比率} \times 100\%$

债券的发行价格的计算公式为：

债券的发行价格 = 票面金额 × （P/F，$i_1$，n）＋票面金额 × $i_2$ × （P/A，$i_1$，t）

$$放弃现金折扣的成本 = \frac{折扣率}{1-折扣率} \times \frac{360}{信用期-折扣期} \times 100\%$$

## 二、练习题

（一）简答题

1. 企业筹资渠道有哪些？筹资方式有哪些？

2. 企业筹集资金的原则是什么？

3. 普通股筹资有哪些优点和缺点？

4. 普通股与优先股有什么不同？

5. 债券筹资有哪些优点和缺点？

6. 什么是融资租赁？融资租赁有什么特点？融资租赁筹资有什么优点？

7. 什么是商业信用？商业信用筹资有什么优点和缺点？

（二）计算分析题

1. 已知：某公司 2009 年销售收入为 20 000 万元，销售净利润率为 12%，净利润的 60% 分配给投资者。2009 年 12 月 31 日的资产负债表（简表）如下：

表 3-1
资产负债表（简表）

2009 年 12 月 31 日
单位：万元

| 资产 | 期末余额 | 负债及所有者权益 | 期末余额 |
|---|---|---|---|
| 货币资金 | 1000 | 应付账款 | 1000 |
| 应收账款净额 | 3000 | 应付票据 | 2000 |
| 存货 | 6000 | 长期借款 | 9000 |
| 固定资产净值 | 7000 | 实收资本 | 4000 |
| 无形资产 | 1000 | 留存收益 | 2000 |
| 资产总计 | 18 000 | 负债与所有者权益总计 | 18 000 |

该公司 2010 年计划销售收入比上年增长 30%。假定该公司 2010 年的销售净利率和利润分配政策与上年保持一致，公司债券的发行费用可忽略不计，适用的企业所得税税率为 25%。

要求：

（1）计算 2010 年公司需增加的营运资金；

（2）预测 2010 年需要对外筹集的资金量。

2. 某公司由于经营需要，需借入资金 80 万元。银行要求维持限额 20% 的补偿性余额，借款年利率 8%。

要求：

（1）计算公司需向银行申请的借款数额为多少；

（2）计算该笔借款的实际利率。

3. 某公司拟采购一批零件，价值 5400 元，供应商规定的付款条件如下：①立即付款，付 5238 元；②第 20 天付款，付 5292 元；③第 40 天付款，付 5346 元；④第 60 天付款，付全额；每年按 360 天计算。

要求：

（1）假设银行短期贷款利率为 15%，计算放弃现金折扣的成本（比率），并确定对该公司最有利的付款日期和价格；

（2）假设目前有一短期投资报酬率为 40%，确定对该公司最有利的付款日期和价格。

## 三、案例分析

案例一：

### 北京华远债券筹资

北京市华远房地产股份有限公司是公司信用等级为 AA 级的一家中外合资股份制的大型综合性房地产开发企业。目前的公司股东中，既有国有大型工商企业、金融机构，又有海外投资人——坚实发展有限公司。发行人股东中还有北京市华远集团公司、中国银行北京市分行等。近三年来，发行人的开发面积平均为 100 多万平方米，每年的竣工面积平均达 30 多万平方米，年主营业务收入达 7.5 亿元，年均税后利润 3.1 亿元，截至 1997 年年底，其总股本达 13 亿元，总资产 63 亿元，净资产 34 亿元。

筹集资金的目的：补偿其在建的、计划于 2001 年竣工的西区工程（即北京市西城区东宫英小区危旧房改造工程，其投资额约为 19 亿元。该项目是北京市第二批危改小区项目之一，由西城区政府划拨给发行人进行开发建设）的后期资金缺口。

企业债券发行的有关情况如下：

（1）债券名称：北京市华远房地产股份有限公司企业债券。

（2）发行总额：1.2 亿元人民币。

（3）债券期限：3 年，自 1998 年 8 月 8 日至 2001 年 8 月 8 日。

（4）债券利率：7.2%，单利计息，到期一次还本利息，逾期不另计付利息。

（5）发行方式：实名制记账式，使用中央国债登记结算有限责任公司统一印刷的托管凭证。

（6）发行范围和对象：境内的法人和自然人。

（7）发行人：北京市华远房地产股份有限公司；法人代表：任志强。

（8）主承销商：中信政权有限责任公司。

（9）债券托管人：中央国债登记结算有限责任公司。

在本债券公开发行结束后，发行人和主承销商向各级申请，争取在上海证券交易所或深圳证券交易所上市流通。

（10）债券的担保人：北京市华远集团公司（以下称保证人；法人代表：任志强）为本债券提供不可撤销的连带责任担保。保证人承诺本期债券到期后，在发行人不能兑付到期全部本息时，其有义务代为偿还。

北京市华远集团公司建于1993年，其领域涉及面很广，在立足房地产主营业务的基础上，实施多元化经营战略。该公司是发行人的第二大股东，截至1997年年底，拥有13.125%的股份。它目前是新华人寿保险股份公司的第二大股东（持股10%）、北京市商业银行的第二大股东（持股3%）。

保证人同时获得新世纪金融租赁有限责任有限公司提供的不可撤销的反担保。新世纪金融租赁有限公司的一家经中国人民银行批准设立的、在上海市注册的金融租赁公司。

（11）发行人和保证人最近三年的财务状况，参见经审计的附表，即表3-2和表3-3。

表3-2　　　　北京市华远房地产股份有限公司合并资产负债表　　　　单位：千元

| 资产 | 1997年 | 1996年 | 1995年 | 负债及权益 | 1997年 | 1996年 | 1995年 |
|---|---|---|---|---|---|---|---|
| 流动资产 | | | | 流动负债 | | | |
| 货币资金 | 657 330 | 663 150 | 325 225 | 短期借款 | 842 100 | 633 000 | 494 660 |
| 短期投资 | 280 300 | 10 000 | 100 | 应付账款 | 41 989 | 29 282 | 41 230 |
| 应收账款 | 1 084 686 | 408 710 | 321 324 | 预付账款 | 371 454 | 226 076 | 340 047 |
| 减：坏账准备 | 10 720 | 4087 | 3213 | 其他应付款 | 156 413 | 200 454 | 254 788 |
| 应收账款净额 | 1 073 966 | 404 623 | 318 111 | 应付福利费 | 234 | 20 | 231 |
| 预付账款 | 164 501 | 144 571 | 156 157 | 应付股利 | 299 224 | 18 317 | 73 074 |
| 其他应收款 | 909 954 | 495 962 | 344 211 | 应交税金 | 142 864 | 118 108 | 235 981 |
| 存货 | 2 651 118 | 2 135 225 | 1 735 633 | 预提费用 | 83 800 | 84 824 | 1086 |
| 待摊费用 | 8 | 165 | 48 | 年内到期长期负债 | 55 000 | 30 000 | 107 909 |
| 流动资产合计 | 5 737 177 | 3 853 696 | 2 879 485 | 流动负债合计 | 1 993 078 | 1 340 081 | 1 549 006 |

表3-2(续)

| 资产 | 1997 年 | 1996 年 | 1995 年 | 负债及权益 | 1997 年 | 1996 年 | 1995 年 |
|---|---|---|---|---|---|---|---|
| | | | | 长期负债 | | | |
| 长期投资 | | | | 长期借款 | 1 164 893 | 566 998 | 31 076 |
| 长期投资 | 499 593 | 376 556 | 321 848 | 其他长期负债 | 4 | 0 | 1076 |
| | | | | 长期负债合计 | 1 164 893 | 566 998 | 31 076 |
| 固定资产 | | | | 负债合计 | 3 157 971 | 1 907 079 | 1 580 082 |
| 固定资产原值 | 107 496 | 105 086 | 100 598 | 少数股东权益 | 19 618 | 300 | 307 |
| 减：累计折旧 | 16 193 | 11 405 | 7033 | 股东权益 | | | |
| 固定资产净值 | 91 303 | 93 681 | 93 565 | 股本 | 1 030 009 | 99 900 | 770 251 |
| | | | | 资本公积 | 1 563 219 | 872 319 | 468 531 |
| 其他资产 | | | | 盈余公积 | 235 498 | 188 565 | 143 138 |
| 其他递延支出 | 0 | 36 | 173 | 其中：公益金 | 73 203 | 57 559 | 42 416 |
| 其他资产合计 | 0 | 36 | 173 | 未分配利润 | 321 758 | 355 806 | 332 762 |
| | | | | 股东权益合计 | 3 420 475 | 2 416 690 | 1 725 681 |
| 资产合计 | 6 328 073 | 4 323 969 | 3 295 071 | 负债及权益总计 | 6 328 073 | 4 323 969 | 3 295 071 |

表3-3　　　　　北京市华远房地产股份有限公司合并资产负债表　　　　单位：千元

| 项目 | 1997 年 | 1996 年 | 1995 年 |
|---|---|---|---|
| 经营收入 | 851 160 | 580 051 | 619 468 |
| 减：经营成本 | 493 642 | 351 134 | 232 326 |
| 经营税金及附加 | 43 396 | 28 922 | 30 918 |
| 经营费用 | 15 133 | 11 666 | 295 |
| 经营利润 | 298 989 | 188 329 | 355 929 |
| 加：其他业务利润 | 897 | 0 | 0 |
| 减：管理费用 | 38 918 | 36 718 | 37 909 |
| 财务费用 | 9298 | 17 930 | 709 |
| 营业利润 | 251 670 | 133 681 | 317 311 |
| 加：投资收益 | 195 587 | 190 692 | 142 250 |
| 营业外收入 | 74 | 66 | 5132 |
| 减：营业外支出 | 836 | 573 | 411 |
| 加：以前年度损益调整 | | | 16 189 |
| 利润总额 | 446 495 | 323 866 | 480 471 |

表3-3(续)

| 项目 | 1997年 | 1996年 | 1995年 |
|---|---|---|---|
| 减：所得税 | 135 135 | 56 879 | 124 902 |
| 少数股东权益 | 2320 | 0 | 7 |
| 净利润 | 309 040 | 266 987 | 355 562 |

(资料来源：中国证券报，1998年8月6日)

思考题：

(1) 北京华远筹资规模是否恰当？应从哪几个方面分析？

(2) 北京华远筹资期限、利率与偿还方式是否合适？

(3) 如何进行债券融资决策？在我国，企业发行债券应符合哪些条件？应遵循哪些具体规定？

案例二：

## 南方家具公司筹资

### (一) 基本情况

南方家具公司成立于1990年，经过10年的发展，到2000年资产达到794万元，销售收入达到1620万元，净利润达到74万元。尽管2000年是家具行业的萧条年，但该公司销售收入和净利润仍比上年分别增长了8.7%和27.6%。该公司规模偏小，生产线较少，不能在每年向市场推出大量新产品。在今后5年中，预计销售收入将成倍增长，而利润的增长幅度相对降低。为了达到这一目标，公司必须扩大生产规模，计划新建一家分厂，到2003年年末，使生产能力翻一翻。分厂直接投资需要800万元，其中2002年投资500万元，2003年投资300万元。这将是同行业中规模最大、现代化程度最高的工厂。此外，需要50万元资金整修和装备现有的厂房和设备，还需要300万元的流动资金以弥补生产规模扩大而引起的流动资金的不足。这三项合计共需资金1150万元。在未来几年中，通过公司内部留用利润和提高流动资金利用效果，可解决350万元资金，另外800万元资金必须从外部筹措。2001年9月2日的董事会上将正式讨论筹资问题。

### (二) 行业情况

家具业是高度分散的行业，在1000多家家具企业中，销售收入超过1500万元的不到30家。在过去几年中，家具行业一直经历着兼并和收购的风险，而且其趋势愈演愈烈。但该行业的发展前景是可观的，经济不景气时期已经过去，该行业也会随着经济复苏而发展起来。南方家具公司和同行业三家公司2000年的财务资料如表3-4所示。

表 3-4　　　　　　　　　　　　　　　　　　　　　　　　　　　　单位：万元

| 项目 | AA 公司 | BB 公司 | CC 公司 | 南方公司 |
|---|---|---|---|---|
| 销售收入 | 3713.2 | 12 929.3 | 7742.7 | 1620 |
| 净利 | 188.4 | 1203.2 | 484.9 | 74 |
| 流动比率 | 3.2 | 7.2 | 4.3 | 4.08 |
| 流动资本 | 1160.7 | 4565.1 | 2677.8 | 425 |
| 资产负债率 | 1.4% | 2.0% | 10.4% | 28.1% |
| 流动资本占普通股权益 | 65.4% | 64.9% | 67.3% | 74.4% |
| 销售净利率 | 5.1% | 9.3% | 6.3% | 4.58% |
| 股东权益报酬率 | 10.6% | 17.1% | 12.2% | 13.6% |
| 普通股每股收益 | 0.70 | 2.00 | 1.93 | 1.23 |
| 普通股每股股利 | 0.28 | 0.80 | 0.60 | 0.30 |
| 市盈率 | 16.2 | 17.8 | 16.2 | 9.6 |

## （三）南方公司财务状况

南方公司现有长期借款 85 万元，其中 10 万元在一年内到期，年利率为 5.5%。每年末偿还本金 10 万元。借款合约规定公司至少要保持 225 万元的流动资金。南方公司于 1996 年以每股 5 元公开发行普通股 170 000 股，目前公司发行在外的普通股共计 600 000 股，其股利政策保持不变，年股利支付率为 35%。此外，该公司 2001 年固定资产投资 30 万元。

该公司近几年的资产负债表如表 3-5 所示。

表 3-5　　　　　　　　　南方家具公司资产负债表　　　　　　　单位：万元

| 项目 | 1998 | 1999 | 2000 | 2001.8.31 |
|---|---|---|---|---|
| 资产 | | | | |
| 现金 | 26 | 23 | 24 | 63 |
| 应收账款 | 209 | 237 | 273 | 310 |
| 存货 | 203 | 227 | 255 | 268 |
| 其他 | 8 | 10 | 11 | 14 |
| 流动资产合计 | 446 | 497 | 563 | 655 |
| 固定资产原值 | 379 | 394 | 409 | 424 |
| 减：累计折旧 | 135 | 155 | 178 | 189 |
| 固定资产净值 | 244 | 239 | 231 | 235 |
| 资产总计 | 690 | 736 | 794 | 890 |

表3-5(续)

| 项目 | 1998 | 1999 | 2000 | 2001.8.31 |
|---|---|---|---|---|
| 负债及股东权益 | 7 | 7 | | |
| 应付账款及应计费用 | 62 | 90 | 102 | 125 |
| 一年内到期的长期借款 | 10 | 10 | 10 | 10 |
| 应付股利 | | | | 5 |
| 应付税款 | 36 | 25 | 26 | 50 |
| 流动负债合计 | 108 | 125 | 138 | 170 |
| 长期负债 | 105 | 95 | 85 | 85 |
| 股东权益 | 477 | 516 | 571 | 635 |
| 负债及股东权益总计 | 690 | 736 | 794 | 890 |

### (五) 筹资方式

公司管理部门最初倾向于发行股票筹资,该公司股价达 21.06 元,扣除预计 5% 的发行费用,每股可筹资 20 元;发行股票 400 000 股,可筹集资金 800 万元。这种方案必须在董事会讨论决定后于 2002 年年初实施。

但投资银行建议通过借款方式筹资,他们认为借款筹资可以降低资本成本。其有关条件为:

(1) 年利率 7%,期限 10 年;

(2) 从 2004 年年末开始还款,每年末偿还本金 80 万元;

(3) 借款的第一年,公司的流动资金必须保持在借款总额的 50%,以后每年递增 10%,直到达到未偿还借款的 80%;

(4) 股东权益总额至少为 600 万元;

(5) 借款利息在每年末支付。

(资料来源:陈玉珍. 财务管理学实验 [M]. 北京:科学出版社,2002)

思考题:

(1) 上述题目中涉及哪些筹资方式,各自有哪些优缺点?

(2) 在我国,股票发行需要满足哪些条件?

# 参考答案

## 二、练习题

### (一) 简答题

1. 企业筹资渠道有哪些? 筹资方式有哪些?

答: 目前, 我国企业的筹资渠道主要有以下七种:

(1) 国家财政资金;

(2) 银行信贷资金;

(3) 非银行金融机构资金;

(4) 其他法人资金;

(5) 民间资金;

(6) 境外资金;

(7) 企业内部资金。

企业可以利用的筹资方式主要有以下七种:

(1) 吸收直接投资;

(2) 发行股票筹资;

(3) 金融机构贷款筹资;

(4) 发行债券筹资;

(5) 商业信用筹资;

(6) 企业内部积累;

(7) 租赁筹资。

2. 企业筹集资金的原则是什么?

答: 在筹资时应把握以下原则:

(1) 合法性原则;

(2) 合理性原则;

(3) 及时性原则;

(4) 效益性原则。

3. 普通股筹资有哪些优缺点?

答: 普通股筹资的优点主要包括:

(1) 没有固定利息负担;

（2）没有固定到期日，也不用偿还；

（3）筹资风险小；

（4）能提高公司的信誉；

（5）筹资限制少。

普通股筹资的缺点主要包括：

（1）资金成本较高；

（2）容易分散控制权；

（3）增发普通股时，新股东分享公司未发行新股前积累的盈余，会降低普通股的每股净收益，从而可能引起股价的下跌。

4. 普通股与优先股有什么不同？

答：普通股是指在公司的经营管理和盈利及财产的分配上享有普通权利的股份，代表满足所有债权偿付要求及优先股股东的收益权与求偿权要求后对企业盈利和剩余财产的索取权。它构成公司资本的基础，是股票的一种基本形式，也是发行量最大、最为重要的股票。

优先股是相对于普通股而言的。它主要是指在利润分红及剩余财产分配的权利方面，优先于普通股。

当公司破产进行财产清算时，优先股股东对公司剩余财产有先于普通股股东的要求权。但优先股一般不参加公司的红利分配，持股人亦无表决权，不能借助表决权参加公司的经营管理。因此，优先股与普通股相比较，虽然收益和决策参与权有限，但风险较小。

5. 债券筹资有哪些优点和缺点？

答：发行债券筹资的优点主要包括：

（1）债券筹资成本较低；

（2）财务杠杆效应；

（3）不分散股东的控制权；

（4）便于调整资本结构。

发行债券筹资的缺点主要包括：

（1）财务风险较高；

（2）限制条件较多。

6. 什么是融资租赁？融资租赁有什么特点？融资租赁筹资有什么优点？

答：融资租赁是租赁公司按承租企业要求购买所需要的设备，并在契约或合同规定的较长期限内租借给承租企业使用的信用性业务，是现代租赁的主要类型。

融资租赁的特点主要包括：

（1）一般由承租企业向租赁公司提出正式申请，由租赁公司融资购进设备出租给承租企业使用。

（2）租赁期限较长，一般为设备剩余使用年限的75%以上。

（3）租赁合同比较稳定，在规定的租期内非经双方同意，任何一方不得中途解约，这有利于维护双方的利益。

（4）由承租企业负责设备的维修保养和保险，但其无权自行拆卸改装。

（5）租赁期满时，按事先约定的办法处置设备。承租人可以以较低的价格购买设备，即留购；或以较优惠的租金续租；或者退租。一般情况下承租企业会选择留购。

融资租赁筹资的优点主要包括：

（1）能较快形成生产经营能力。

（2）缓解了企业的现金支出压力，可以保留现金或融资能力，有利于企业后续的生产经营活动。

（3）与普通的信贷融资相比，融资租赁的限制条件较少。

（4）融资租赁方式灵活，简便快捷，企业可根据生产和资金情况，确定租期，安排租金支付，这种融资方式与其他筹资方式相比有较大的弹性。

7. 什么是商业信用？商业信用筹资有什么优点和缺点？

答：商业信用是指在商品交易过程中，由于延期付款和延期交货所形成的企业间的债权、债务关系，是企业间的直接信用行为。

商务信用筹资的优点主要包括：

（1）筹资方便。

（2）与银行借款相比，限制条件较少，容易取得，只需向销货方增加定额，便可扩大信用。

（3）筹资成本相对较低。

商务信用筹资的缺点主要包括：

（1）利用期限有限。

（2）因为商业信用容易取得，过分利用会使企业承担过多的债务。

（3）对应付账款，如果存在现金折扣时，放弃现金折扣，成本十分昂贵；如果拖欠还会发生损害信用的内在成本。

（二）计算分析题

1. 解析：

（1）企业增加的营运资金 = 1000 + 3000 + 6000 = 10 000（万元）

（2）$\dfrac{需要追加的}{外部筹资额} = \Delta S \sum \dfrac{RA}{S} - \Delta S \sum \dfrac{RL}{S} - \Delta RE$

$$= (10\ 000 - 3000) \times 30\% - 20\ 000 \times (1 + 30\%)$$
$$\times 12\% \times (1 - 60\%)$$
$$= 852\ （万元）$$

2. 解析：

（1）向银行申请的借款数额为：设为 x，x（1 - 20%）= 80，求解 x = 100（万元）

（2）i = 8% ÷（1 - 20%）= 10%

3. 解析：

（1）根据已知条件可获得：立即付款享受 3% 的折扣，20 天付款享受 2% 的折扣，40 天付款享受 1% 的折扣，60 天付款，没有折扣，付全额。因此，依次解出放弃的现金折扣。

立即付款：3% ÷（1 - 3%）× 360 ÷（60 - 0）= 18.56%

20 天付款：2% ÷（1 - 2%）× 360 ÷（60 - 20）= 18.37%

40 天付款：1% ÷（1 - 1%）× 360 ÷（60 - 40）= 18.18%

因此，企业应选择立即付款，这样获得的折扣就高。

（2）由于短期的报酬率为 40%，所以企业选择推迟付款，这样可以用更多的钱进行对外投资获得的收益高。

## 三、案例分析

案例一参考答案：

（1）"北京华远"债券筹资规模分析：

答：不论采用哪种债券筹资形式，发行单位应对债券筹资的数量作出科学的判断和规划。由于资金的短缺性和资金的成本性，必须要求债券筹资规模既合理又经济。而确定发行债券的合理数量又是一个较为复杂的问题。首先，要以企业合理的资金占用量和投资项目的资金需要量为前提，为此应对企业的扩大再生产进行规划，对投资项目进行可行性研究；其次，应根据企业财务状况，分析其获利能力和偿债能力的大小；最后，应比较各种筹资方式的资金成本和方便程度。不同筹资方式的资金成本不尽相同，且取得资金的难易程度也不同。为此，企业就必须选择最经济、最方便的资金来源。债券筹资规模主要应根据资产负债结构的定量比，分析企业偿债能力的大小来决定。目前常用的偿债能力指标有两种：

第一种为资产负债率，即负债总额与资产总额之比，它是用来分析企业负债筹资程度和财务风险大小的指标；而对于债权人来说，它是用来表明债权安全可靠程度的指标。国际上一般认为 30% 左右的资产负债率比较合适。

第二种为流动比率，即企业流动资产与流动负债之比，它是用于分析企业在短期内偿还债务的能力的指标；一般认为企业的流动资产应为流动负债的 2 倍以上，比率越高，说明企业的短期偿债能力越强。从本案情中可知，华远房地产股份有限公司 1997 年的资产负债率为 46%（2 887 980÷6 328 073），流动比率为 3.3（5 737 177÷1 723 087），即企业资产负债结构合理，发行 1.2 亿元人民币债券不会影响企业的偿债能力。

企业的筹资规模还可以根据经营收益，分析企业偿债能力的大小来决定。根据经营收益，分析企业偿债能力，实际上是通过计算企业在一定期间内还本付息总额与收入总额的比率。分析企业当期经营收益当期偿还债务的能力。这一比率越小越好，说明企业偿债能力较强。一般认为该比率为 20% 较适宜。这是一种将债务与营业收入结合起来的思考方式。

（2）"北京华远"债券筹资期限、利率与偿还方式是否合适？

答：具体规定一个恰当而有利的债券还本付息期限。要解决这一问题，则取决于策略制定者在综合考虑以下各个因素的基础上，对风险和成本的态度如何。

清偿方式是指清偿债务所采用的具体形式。如清偿时间的间隔安排。清偿时的付款方式等。一般认为，清偿方式的选择主要依据发行人对成本的考虑。就清偿时间的间隔安排来说，对于一笔借入资金，采用不同的还款方式，会有不同的利息支出。因此，就有必要对不同的还款方式进行分析测算，为最终选择提供可靠的依据。华远房地产股份有限公司选择 3 年一次还本付息，在一定程度上看有损财务稳健性，但相对于其他方式，该方式的现值最低。

（3）如何进行债券融资决策？在我国，企业发行债券应符合哪些条件？应遵循哪些具体规定？

答：企业决策债券融资时，必须首先确立融资策略的目标，然后再围绕具体目标，分别进行债券筹资规模决策、债券筹资期限决策、债券筹资利率决策、债券清偿方式选择等。经过综合分析考虑后，确定和执行债券筹资策略。

根据我国《企业证券管理条例》第十二条的规定，企业发行企业债券必须符合下列条件：

①企业规模达到国家规定的要求；

②企业财务会计制度符合国家规定；

③具有偿债能力；

④企业经济效益良好，发行企业债券前连续三年盈利；

⑤所筹资金用途符合国家产业政策。

企业经有关方面审核，获准发行企业债券后，在发行债券时还应遵循以下两个原则：

①企业发行企业债券的总面额不得大于该企业的自有资产净值;

②企业债券的利率不得高于银行同期居民储蓄存款利率的40%。

案例二提示:

（1）题目中涉及两种筹资方式，即发行股票和长期借款，分别解答各自的优缺点。

（2）股票发行条件的具体内容。

# 第四章　筹资决策

## 思考与练习题

### 一、预习要览

**（一）关键概念**

资本成本　　筹资费用　　用资费用　　资本成本率　　个别资本成本

加权平均资本成本　　边际资本成本　　筹资突破点　　成本习性

固定成本　　变动成本　　边际贡献　　息税前利润　　每股收益

经营杠杆　　经营杠杆利益　　经营杠杆风险　　经营杠杆系数

财务杠杆　　财务杠杆利益　　财务杠杆风险　　财务杠杆系数

复合杠杆　　资本结构　　比较成本法　　每股收益分析法　　综合分析法

**（二）重要公式**

资本成本率 $= \dfrac{\text{年用资费用}}{\text{筹资净额}} \times 100\%$

债券：$K_b = \dfrac{I(1-T)}{B_0(1-f)}$

长期借款：$K_1 = \dfrac{I(1-T)}{L(1-f)}$ 　或　 $K_1 = i(1-T)$

优先股：$K_p = \dfrac{D_p}{P_0(1-f)}$

普通股：$Ks = \dfrac{D_1}{P_o(1-f)} + g$

留存收益：$K_c = \dfrac{D_c}{P_c} + g$

加权平均成本的计算公式为：$Kw = \displaystyle\sum_{j=1}^{n} K_j W_j$

筹资总额分界点的计算公式为：

$$BPi = TFi \div Wi$$

边际贡献总额 = 销售收入 - 变动成本

息税前利润 = 销售收入 - 变动成本 - 固定营业成本

每股收益：$EPS = \dfrac{(EBIT - I)(1 - T)}{N}$

经营杠杆系数：$DOL = \dfrac{\Delta EBIT/EBIT}{\Delta Q/Q}$ 或 $DOL = \dfrac{Q(P-V)}{Q(P-V)-F} = \dfrac{M}{EBIT}$

财务杠杆系数：$DFL = \dfrac{\Delta EPS/EPS}{\Delta EBIT/EBIT}$ 或 $DFL = \dfrac{EBIT}{EBIT - I}$

复合杠杆系数：$DTL = \dfrac{\Delta EPS/EPS}{\Delta Q/Q}$ 或 $DTL = DOL \times DFL$ $DTL = \dfrac{M}{EBIT - I}$

每股收益无差别点：$\dfrac{(\overline{EBIT} - I_1)(1-T)}{N_1} = \dfrac{(\overline{EBIT} - I_2)(1-T)}{N_2}$

## 二、练习题

### (一) 简答题

1. 什么叫资本成本？其意义有哪些？

2. 什么叫个别资本成本？债务资本成本跟权益资本成本有什么不同？

3. 什么叫加权平均资本成本？其权数如何确定？

4. 什么叫经营杠杆系数？它在财务管理中有什么应用？

5. 什么叫财务杠杆系数？它在财务管理中有什么应用？

6. 经营杠杆与财务杠杆是如何发挥综合作用的？

7. 什么叫资本结构？什么叫最优资本结构？

8. 确定最优资本结构的方法有哪些？分别是如何确定的？

### (二) 单项选择题

1. 下列个别资本成本中的计算不需要考虑筹资费用的是（　　）。

 A. 长期债券资本成本　　　　　　B. 留存收益资本成本

 C. 普通股资本成本　　　　　　　D. 长期借款资本成本

2. 兴发股份有限公司发行总面值为 800 万元的 10 年期债券，票面利率为 12%，发行费用为 4%，公司所得税税率为 25%。该债券采用溢价发行，发行价格为 1000 万元，那么该债券的资本成本为（　　）。

 A. 7.50%　　　　B. 8.26%　　　　C. 9.38%　　　　D. 11.72%

3. 希望公司准备发行普通股，预计第一年股利率为 13%，筹资费率为 5%，普通股成本为25%，则股利年增长率为（　　）。

  A. 9.5%　　　B. 9.95%　　　C. 11.32%　　　D. 12%

4. 如果企业长期借款、长期债券和普通股的比例为3：2：5，企业发行债券在400 000万元以内，其资金成本维持在14%。则筹资总额分界点为（　　）万元。

  A. 1 333 333

  C. 2 857 143

  B. 2 000 000

  D. 800 000

5. 当经营杠杆系数为1时，下列表述正确的是（　　）。

  A. 利息为零

  C. 固定成本为零

  B. 产销量增长率为零

  D. 边际贡献为零

6. 智日公司经营杠杆系数为1.5，财务杠杆系数为2，该公司目前每股收益为1元。若使息税前利润增加10%，则每股收益将增长为（　　）元。

  A. 1.20　　　B. 1.10　　　C. 1.15　　　D. 2.72

7. 上甲公司2009年销售额为8 000元，2010年预计销售额为10 000元，2009年息税前利润为1000元，2010年预计息税前利润为1800元，则该公司2010年经营杠杆系数为（　　）。

  A. 1.5　　　B. 2　　　C. 2.5　　　D. 3.2

8. 如果企业的息税前利润等于0，则其经营杠杆系数（　　）。

  A. 等于0　　　B. 等于1　　　C. 无穷小　　　D. 无穷大

9. 巨峰公司年营业收入为500万元，变动成本率为40%，经营杠杆系数为1.5，财务杠杆系数为2。如果固定成本增加50万元，那么总杠杆系数将变为（　　）。

  A. 8　　　B. 6　　　C. 2.4　　　D. 3

10. 企业在追加筹资时，需要计算（　　）。

  A. 变动成本

  C. 加权平均资本成本

  B. 边际资本成本

  D. 个别资本成本

11. 银光企业资本总额为150万元，债务资本占45%，债务利率为12%，当前销售额为100万元，息税前利润为20万元，那么该企业的财务杠杆系数为（　　）。

  A. 1.15　　　B. 1.68　　　C. 2　　　D. 2.5

12. 最优资金结构是指企业在一定条件下使（　　）。

  A. 资本规模最大的资金结构

  B. 企业价值最大的资金结构

  C. 加权平均资本成本最低、企业价值最大的资金结构

  D. 边际资本成本最低的资金结构

（三）多项选择题

1. 下列关于资本成本的说法中，正确的有（　　）。

　　A. 资本成本的本质是企业为筹集和使用资金而发生的代价

　　B. 正确计算和合理降低资本成本，是制定筹资决策的基础

　　C. 资本成本必须用相对数表示，即用资费用与实际筹得资金的比例

　　D. 资本成本是研究最优资本结构的主要参数

2. 资本成本包括用资费用和筹资费用，下列属于用资费用的是（　　）。

　　A. 股东支付的股利　　　　　　　　B. 向债权人支付的利息

　　C. 向银行借款的手续费　　　　　　D. 发行股票支付的发行费

3. 下列关于杠杆系数的说法中，正确的是（　　）。

　　A. 经营杠杆系数越大，企业的经营越稳定

　　B. 经营杠杆系数随固定成本的变化呈同方向变化

　　C. 企业的资金规模、资金结构等都会影响企业的财务杠杆系数

　　D. 复合杠杆系数越大，财务杠杆系数就越大

4. 某企业经营杠杆系数为3，财务杠杆系数为2，则下列说法正确的有（　　）。

　　A. 如果销售量增加10%，息税前利润将增加20%

　　B. 如果息税前利润增加20%，每股利润将增加40%

　　C. 如果销售量增加10%，每股利润将增加60%

　　D. 如果每股利润增加30%，销售量增加5%

5. 降低经营风险可以采取的措施包括（　　）。

　　A. 降低销售额　　　　　　　　　　B. 减少产品单位变动成本

　　C. 增加产品单位变动成本　　　　　D. 降低固定成本比重

6. 下列说法不正确的是（　　）。

　　A. 固定成本在销售收入中的比重大小对企业风险没有影响

　　B. 在某一固定成本比重的作用下，销售量变动对息税前利润产生的作用，被称为经营杠杆

　　C. 经营风险是指企业未使用债务时经营的内在风险

　　D. 固定成本增大对财务风险的大小没有影响

7. 已知某企业经营杠杆系数等于2，预计息税前利润增长10%，每股利润增长30%，下列说法正确的是（　　）。

　　A. 产销业务量增长率5%　　　　　B. 财务杠杆系数等于3

　　C. 复合杠杆系数等于6　　　　　　D. 财务杠杆系数等于6

8. 当财务杠杆系数为1时，下列说法不正确的是（　　）。

A. 息税前利润增长为 0

B. 息税前利润为 0

C. 普通股每股利润变动率等于息税前利润变动率

D. 固定成本为 0

9. 下列各项中，会加大财务杠杆作用的是（　　）。

A. 利用留存收益 　　　　　　　　B. 增发公司债券

C. 增发普通股 　　　　　　　　　D. 增加银行借款

10. 资本结构中的负债比例对企业有重要影响，具体表现在（　　）。

A. 负债比例反映企业财务风险的大小

B. 负债有利于提高企业净利润

C. 适度负债有利于降低企业资本成本

D. 负债比例影响财务杠杆作用

11. 下列各项中，影响资本结构的因素包括（　　）。

A. 企业财务状况

B. 投资者和管理人员的态度

C. 所得税税率的高低

D. 信用评估机构及贷款人的态度

12. 利用每股收益无差别点法进行企业资本结构分析决策时，（　　）。

A. 当预计销售额低于每股收益无差别点时，采用权益筹资方式比采用负债筹资方式有利

B. 当预计销售额低于每股收益无差别点时，采用负债筹资方式比采用权益筹资方式有利

C. 当预计销售额高于每股收益无差别点时，采用权益筹资方式比采用负债筹资方式有利

D. 当预计销售额高于每股收益无差别点时，采用负债筹资方式比采用权益筹资方式有利

（四）判断题

1. 超过筹资突破点筹集资金，只要维持现有的资本结构，其资本成本率就不会增加。　　　　　　　　　　　　　　　　　　　　　　　　　　　（　　）

2. 在其他因素一定的条件下，产销量越大，经营杠杆系数越大。　（　　）

3. 在个别资本成本不变的情况下，不同时期的加权平均资本成本也可能高低不等。　　　　　　　　　　　　　　　　　　　　　　　　　　　（　　）

4. 当产品成本变动时，若企业具有较强的调整价格的能力，经营风险就小；反之，

经营风险就大。                                                    （    ）

5. 从成熟的证券市场来看，企业筹资的优序模式是内部筹资，其后是增发股票、发行债券，最后是银行借款。                                 （    ）

6. 增加负债比重，虽然会影响信用评级机构对企业的评价，但却可以降低资本成本。                                                    （    ）

7. 在确定资本结构时，为了保证原有股东的绝对控制权，一般应尽量避免普通股筹资。                                                    （    ）

（五）计算分析题

1. 涌能股份有限公司打算筹资 8000 万元，其中包括：2000 万元债券（按面值发行），该债券票面利率为 10%，筹资费率为 2%；1000 万元优先股按面值发行，股利率为 12%，筹资费率为 3%；其余全部为普通股，该普通股筹资费率为 4%，预计第一年股利率为 10%，以后年度以 4% 的增长速度增长，该公司所得税税率为 25%。要求：

（1）计算债券资本成本；

（2）计算优先股资本成本；

（3）计算普通股资本成本；

（4）计算加权平均资本成本。

2. 格美公司 2009 年资产总额为 5000 万元，资产负债率为 40%，负债平均利息率为 6%，当年实现的销售收入为 3000 万元，全部的固定成本和利息费用为 420 万元，变动成本率为 40%。若预计 2010 年的销售收入提高 60%，其他条件不变。要求：

（1）计算经营杠杆系数；

（2）计算财务杠杆系数；

（3）计算复合杠杆系数；

（4）预计 2010 年的每股收益增长率。

3. 蓝天公司目前发行在外普通股 500 万股（每股 1 元），已发行利率为 10% 的债券 600 万元。该公司打算为一个新的投资项目融资 600 万元，新项目投产后公司每年的息税前利润增加到 300 万元。现在有两个方案可供选择：方案一，按每股 3 元发行新股；方案二，按 12% 的利率发行债券。假如公司适用所得税税率为 25%。要求：

（1）计算两个方案的每股收益；

（2）计算两个方案的每股收益无差别点时的息税前利润；

（3）计算两个方案的财务杠杆系数；

（4）判断哪个方案更好。

4. 花旗企业目前拥有资本 3000 万元，其资本结构为：债务资本占 40%，其中年利息费用为 120 万元；普通股资本占 60%，其中发行普通股 60 万股，每股面值 30 元。

由于生产规模的扩大，企业打算追加筹资 600 万元，现有两种筹资方案可供选择：①全部发行债券。债券利率为 12%，年利息 72 万元。②全部发行普通股。增发 15 万股，每股面值 40 元。该企业追加筹资后每年的息税前利润增加到 500 万元，企业所得税税率为 25%。要求：

（1）计算两种筹资方式的每股收益无差别点时的息税前利润；

（2）计算每股收益无差别点时的每股收益；

（3）简要说明应该选择哪个筹资方案。

5. 环球企业只生产和销售甲产品，其总成本习性模型为 Y = 6000 + 4X。假设该企业 2010 年度甲产品销售量为 8000 件，每件售价 5 万元，按市场预测 2011 年甲产品的销售数量将增长 20%。要求：

（1）计算该企业 2010 年的边际贡献总额；

（2）计算该企业 2010 年的息税前利润；

（3）计算该企业 2011 年的息税前利润增长率；

（4）假定企业 2010 年发生的负债利息为 1000 万元，且无优先股股息，计算复合杠杆系数。

6. 世纪公司目前拥有长期资本 1200 万元，其中长期借款 300 万元、长期债券 400 万元、普通股 500 万元。由于公司生产经营规模的扩大，需要筹集新资本。经过公司财务人员的分析，认为追加筹资后仍能保持现有的资本结构，而且随着筹资额的增加，各种资本成本的变化如表 4-1 所示。

表 4-1　　　　　　　　　　增资情况及个别资本成本变动表

| 资本种类 | 新筹资额的数量范围 | 资本成本 |
|---|---|---|
| 长期借款 | 50 万元以内 | 5% |
| | 50 万 ~ 100 万元 | 6% |
| | 100 万元以上 | 8% |
| 长期债券 | 200 万元以内 | 10% |
| | 200 万 ~ 400 万元 | 11% |
| | 400 万元以上 | 13% |
| 普通股 | 500 万元以内 | 14% |
| | 500 万 ~ 1000 万元 | 15% |
| | 1000 万元以上 | 16% |

要求：

（1）计算各筹资总额分界点；

（2）确定筹资总额范围，计算相应的边际资本成本。

## 三、案例分析

案例一：

### 杉杉集团的资本扩张及资本结构调整

1989 年，杉杉集团的前身——宁波甬港服装总厂生产经营发生严重亏损，资不抵债，总资产不足 500 万元，职工 300 余人，濒临破产境地。1996 年 1 月 8 日杉杉集团奇迹般地发行 1300 万股 A 股，1 月 30 日在上海证券交易所挂牌上市。2004 年 10 月，杉杉与刘翔正式签约，成为刘翔全球唯一代言服装品牌，让自信、超越、勇敢的杉杉人倍感振奋；2006 年 6 月，杉杉入选中国 50 个最具价值的民营品牌；2007 年 3 月，杉杉品牌首次亮相米兰时装周；2008 年杉杉集团总资产突破 100 亿元，荣获中国"顶级西装品牌"和"顶级着装品牌"两项大奖；2009 年 2 月杉杉集团与日本伊藤忠商事株式会社建立全面合资合作关系。杉杉投资控股有限公司将其持有杉杉集团 25% 的股份转让给日本伊藤忠商事株式会社，将其持有杉杉集团 3% 的股份转让给伊藤忠（中国）有限公司，双方将在资本、品牌、管理、技术、市场等方面展开全面合作。

二十几年来，杉杉集团顺应了时代发展潮流，牢牢抓住了企业资本扩张的每一个历史机遇，并在资本经营上大胆探索，适度负债，合理安排和调整资本结构，保持了企业良好的财务状况。

#### 一、企业理财目标与资本扩张

1989 年，宁波甬港服装总厂为摆脱困境，实施了以建立现代企业制度为核心的重大改革，明确了企业财务主体的地位。十年来，在资本经营道路上走了三大步。

第一步是以品牌经营为突破口，实现资本原始积累。纵观全球 500 强，无一例外均是首先在产品经营上成功的企业。1989 年，面对一片萧条的国内西服市场，杉杉集团进行了广泛深入的市场调查，深刻细致的分析研究，认识到国外经久不衰的轻、软、挺、薄、耐水洗的新概念西服，必将在国内市场掀起一次浪潮。杉杉人抓住机遇，举债经营，引进当时国内首屈一指的法国杜克普西服生产流水线，扩大生产规模，成为当时国内最大西服生产企业之一。同时，提出创名牌战略，实施品牌经营，由此进入了资本积累的良性循环，在以后几年中，国内市场占有率一直保持在 30% 左右，连续数年荣获"心目中品牌"、"购物首选品牌"、"实际购买品牌"三项排名第一；1998 年在中国服装协会排名中，名列全国服装行业利税总额第一名，产品销售收入第二名；1999 年全面建成的总投资额 3 亿多元的杉杉工业城是目前全国服装界最大最先进的生产基地；杉杉人在国内最先实行全自动、全封闭、全吊挂的恒温恒湿的西服生产，国内服装界的龙头地位进一步巩固，完成了杉杉集团原始资本积累，为进一步资本扩张奠定了基础。

第二步是适时进行股份制改造，取得资本快速扩张的通行证。全球 500 强中的工业企业，95% 以上采用股份制，股份制是实现资本扩张不可抗拒的历史潮流。杉杉人在企业规模不断扩大、销售高速增长、效益连年翻番之际，审时度势，把握时机，联合中国服装设计研究中心、上海市第一百货商店股份有限公司于 1992 年年底进行企业股份制改造，共同发起设立宁波杉杉股份有限公司，使企业的资本获得迅速扩张，成为国内服装行业的第一家进行规范化股份制改造的企业，取得了资本快速扩张的通行证。

第三步是争取上市，进入资本扩张的快车道。运用股票这一金融工具，进行证券融资和投资活动是市场经济条件下企业取得资本快速扩张的最直接途径。1996 年 1 月，杉杉股份公司发行股票的申请获得国家有关机构批准。杉杉股票发行 1300 万股，每股以 10.88 元溢价发行，创当时新中国成立以来股市定价发行股票价格最高纪录，筹集权益性资本 1.4 亿元。同年 1 月 30 日，杉杉股票在上海证券交易所挂牌交易，成为我国服装行业中第一家上市的规范化股份公司。在以后的几年中，凭着公司优良的业绩和对股东的丰厚回报，杉杉股份有限公司的几次增资配股均获得成功，杉杉资本急剧扩大。

**二、适应负债，合理调整资本结构**

杉杉集团在财务策划中，始终根据本企业的实际情况合理安排和调整资本结构，追求企业权益资本净利率最高、企业价值最大而综合资本成本最低的资本结构，保持企业良好的财务状况。

一是在产品经营期间，积极增加负债，获取财务杠杆利益。杉杉集团在股份制改造初期，通过实施品牌经营，使企业资产净利润率高达 28%。在此期间，企业的财务策划以增加财务杠杆利益为出发点，采用积极型筹资策略，大量提高债务比重；同时加强治理，降低资金成本，减少筹资风险，从而提高了权益资本收益率，获取了较大的财务杠杆利益，为企业快速完成资本原始积累发挥了积极的贡献。1992 年年底，企业总资本为 3920 万元。其中：长期负债 1080 万元，占 28%，净利润 720 万元，资本净利润率 18.4%，权益资本收益率 25.4%。至 1995 年年底，企业总资本扩展 36 720 万元。其中：长期负债 13 800 万元，占 37.6%，净利润 6790 万元，资本净利润率 18.5%，权益资本收益率上升为 29.6%。由此可见，在资本净利润率保持同一水平的基础上，权益资本收益率增加了 4.2 个百分点，获得了较大的财务杠杆利益。

二是在企业高成长期间，保持适度负债，选择最优资本结构。随着杉杉股份的上市流通，资本快速扩张，1996 年年底总资本达到 46 700 万元，从而导致 1996—1998 年资产净利润率下降至 22% 的水平。而在此期间，国家大幅度下调信贷利率，使企业的债务成本趋低。杉杉集团企业财务策划经广泛而深入的研讨，采用适度负债的中庸型筹资策略，选取综合资金成本最低的方案作为最优资本结构方案。这样，既获取了较大的财务杠杆利益，又不影响所有者对企业的控制权。至1998年12月末，企业总资本77 080万元。其中：长期负债11 760万元，占15.3%，比1995年年末的37.6%下降了22个百分点，而权益资本收益率达28.8%，与1995年年末的29.5%保持较近水平。使企业既获取了财务杠杆利益；企业财务信誉大大提高，为稳定发展创造了良好的财务环境。

### 三、对企业发展新阶段财务策划的几点思考

当前，杉杉集团的企业要素已发生根本变化，技术密集程度更大，资产变更能力更强，营运效益更高，经营治理者素质已跃上新台阶。因此，财务策划应着重思考以下几个问题：①企业理财目标需要深化。在当前市场经济和股份有限公司经济体制的环境条件下，企业理财总目标应由"利润最大化"深化为"每段收益最大化"，以体现利润的内在质量及股价市值的最大化。使企业的长远利益与眼前利益有机结合，维护所有者及其他利益关系人的共同利益。②调整资本结构，获取"财务杠杆利益"，是新时期的重要财务课题。即如何结合企业不同时期、不同情况，权衡得失，对企业适度负债作出正确选择，合理安排资本结构，使之既获取较大的财务杠杆利益，又不影响所有者对企业的控制权。③企业二次创业需高度重视防范财务风险。企业获取财务杠杆利益而增加债务资金，就必须承担相关的偿债风险；企业开展投资活动获取巨大的投资收益，就会存在相关的投资风险；企业开展国际经营业务，以获取更广阔的市场，会面临外汇风险。目前，杉杉集团正在实施二次创业，确立了以服装为基础产业，金融板块和高科技板为二翼的企业发展新思路。在此期间，如何防范财务风险，保证二次创业的成功是财务策划的又一重大课题。杉杉集团主要采取以下策略：

（1）保持适当负债经营的规模，资产负债率以50%为宜，以67%为预警线；

（2）调整资产结构，增强资产的流动性；

（3）合理选择投资环境，科学决策，提高投资收益率，保证企业良好信誉；

（4）有针对性地采取措施防范外汇风险损失。

［资料来源：陈光华. 企业资本扩张及资本结构调整——浅谈杉杉集团的财务策划［J］. 浙江财税与会计，2000（3）］

思考题：

（1）杉杉集团是如何进行资本结构调整的？

（2）资本结构调整是怎样使杉杉集团走出困境的？

（3）杉杉集团有哪些财务措施值得借鉴？

案例二：

## 华谊兄弟股票发行案例

### 一、公司基本情况

华谊兄弟传媒股份有限公司（以下简称华谊兄弟）于 2004 年 11 月 19 日成立，是中国大陆一家知名综合性娱乐公司，由王忠军、王忠磊兄弟创立。公司电影业务形成的主要产品为电影作品，公司电视剧业务所形成的主要产品是电视剧作品。

2006 年 8 月 14 日，公司名称变更为"华谊兄弟传媒有限公司"。2009 年 10 月 30 日，包括华谊兄弟在内的 28 家创业板公司集中挂牌上市交易。华谊兄弟在深圳证券交易所创业板上市，股票代码为 300027，每股发行价为 28.58 元，市盈率 69.71 倍，发行股份数量 4200 万股，发行后总股本增至 1.68 亿股，发行股本占比为 25%，由中信建投担任上市承销商，华谊兄弟此次 IPO 募集资金 6.2 亿元，将全部用于补充影视剧业务营运资金项目，若发行实际募集资金量超出预计募集资金数额，超额部分将用于影院投资项目，拟两年内在全国投资建设 6 家电影院，预计该项目所需总投资 1.3 亿元。

### 二、公司股票上市概况

1. 上市地点：深圳证券交易所。

2. 上市时间：2009 年 10 月 30 日。

3. 股票简称：华谊兄弟。

4. 股票代码：300027。

5. 发行数量：4200 万股。

6. 发行价格：28.58 元/股。

7. 发行方式：采用网下向询价对象配售与网上资金申购定价发行相结合的方式。

8. 募集资金总额：本次公开发行募集资金总额为 120 036 万元。

9. 发行费用总额及项目、每股发行费用：本次发行费用共 52 121 313.55 元，每股发行费用为 1.24 元（发行费用除以本次发行的数量 4200 万股）

10. 募集资金净额：114 823.87 万元。超额募集资金 52 823.87 万元，其中 12 966.32 万元将运用于影院投资项目，剩余部分将继续用于补充公司流动资金。

11. 发行后每股净资产：8.5 元。

12. 发行后每股收益：0.41 元。

### 三、公司股本结构变化

表 4-2

| 变动时间 | 变动后总股本 | 变动前总股本 | 变动原因 |
|---|---|---|---|
| 2010-11-01 | 33 600.00 | 33 600.00 | 2010年11月1日，公司首次公开发行前已发行股份13 616.2万股上市流通，总股本为33 600万股。 |
| 2010-04-28 | 33 600.00 | 16 800.00 | 2010年4月28日，每10股转增10股，总股本增至33 600万股。 |
| 2010-02-01 | 16 800.00 | 16 800.00 | 2010年2月1日，公司网下配售股840万股上市流通，总股本为16 800万股。 |
| 2009-10-30 | 16 800.00 | — | 2009年10月30日，3360万股A股在深圳证券交易所上市交易，总股本为16 800万股。本次公开发行中配售对象参与网下配售获配股票自本次网上发行的股票在深圳证券交易所上市交易之日起锁定3个月。 |

从表4-2中可以看出，2010年2月1日—2010年4月28日期间，总股本实现了一个大的成长。且华谊兄弟2009年股利派发情况2009年年报显示：实现营业收入60 413.77万元（其中电视剧同比增长160.17%，艺人经纪与服务同比增长近78%，电影同比减少12.26%），净利润8397.56万元，实现基本每股收益0.64元，同比增长12.28%。2009年利润分配及资本公积金转增股本方案为：拟以公司现有总股本16 800万股为基数，按每10股派发现金股利人民币3元（含税），共计派发现金5040万元；以资本公积金转增股本，每10股转增10股，共计转增股本1.68亿股。

### 四、华谊兄弟上市的影响

按照华谊兄弟目前产能保守估计，为实现产能目标所需补充的运营资金为7.6亿元。其中，大制作影片需求为3.15亿元，电视剧的需求缺口则在3.85亿元。华谊兄弟上市无疑缓解了华谊兄弟目前最头疼的问题——资本空缺。

华谊兄弟与其他创业板上市企业的最大不同，便是其股东里明星云集：既有冯小刚、黄晓明、李冰冰等娱乐圈明星，也有马云、江南春等企业家明星。华谊兄弟将明星纳入资本行列，发挥整体的品牌号召力，充分利用明星聚拢人心的作用，同时知名度的提升亦能起到间接减少直接融资成本的作用。同时，华谊兄弟的成功上市，会给其他的影视传媒企业带来良好的示范效应，规模稍小的同业及相关产业公司亦会寻求上市和资本运作途径，从而带动我国文化产业更快发展。华谊兄弟的股票一直受到广大股民的追捧，作为第一家在国内创业板上市的传媒企业，华谊兄弟的上市不仅牵系着广大股民的切身利益，更指引着国内文化产业的发展方向。华谊兄弟其经营内容的特殊性决定了其上市后，社会公众股股东权利的行使需要更多的渠道，权利内容和普通

产业也有很大的不同

综上所述，在创业板中的传媒公司中保护华谊兄弟社会公众股股东权利是关键，同时也是我国创业板市场的特殊性所导致的。因此，只能从制度、机构、司法程序等各个角度全方位地做好社会公众股股东权益的保护工作，才能更好地维护创业板市场的发展，对我国经济的整体发展起到促进作用。

（资料来源：http：//wenku. baidu. com/view/0d3906290066f5335a8121e2. html）

思考题：

（1）华谊兄弟采用了哪几种筹资方式？

（2）华谊兄弟所采用的筹资方式分别有什么优点？

# 参考答案

## 二、练习题

### （一）简答题

1. 什么叫资本成本？其意义有哪些？

答：（1）资本成本，也叫资金成本（Cost of Capital）是指企业为筹集和使用资金而付出的代价。

（2）其意义如下：①资本成本是企业筹资决策的重要依据；②资本成本是评价投资项目、进行投资方案决策的重要标准；③资本成本是衡量企业经营业绩的重要尺度。

2. 什么叫个别资本成本？债务资本成本跟权益资本成本有什么不同？

答：（1）个别资本成本是指企业单种筹资方式的资本成本，包括债务资本成本和权益资本成本。

（2）负债资金的利息具有抵税作用，而权益资金的股利（股息、分红）不具有抵税作用，所以一般情况下，权益资金的资本成本要比负债的资本成本高。

3. 什么叫加权平均资本成本？其权数如何确定？

答：（1）加权平均资本成本是衡量企业筹资的总体代价，以各项个别资本成本占企业全部资金的比重为权数，对个别资本成本进行加权平均确定的，又叫作综合资本成本。

（2）其权数以各项个别资本成本占企业全部资金的比重来确定。

4. 什么叫经营杠杆系数？它在财务管理中有什么应用？

答：（1）经营杠杆系数，是指息税前利润的变动率相当于销售量（或销售额）变动率的倍数。

（2）一个企业只要存在固定成本，就存在经营杠杆效应，但不同企业经营杠杆的作用程度往往不相等。为了反映经营杠杆作用的程度，估计经营杠杆利益的大小，评价经营风险的高低，需要对经营杠杆进行衡量，最常用的计量指标是经营杠杆系数。通常情况下，企业的固定成本所占比重越大，经营杠杆系数越大，经营杠杆利益和经营风险也越高；经营杠杆系数越小，经营杠杆利益和经营风险也越低。

5. 什么叫财务杠杆系数？它在财务管理中有什么应用？

答：（1）财务杠杆系数，是指普通股每股收益变动率相当于息税前利润变动率的倍数。

（2）只要企业资本结构中有债务与优先股筹资，就存在财务杠杆作用。但不同企业的财务杠杆作用程度是不完全相同的，故需要对财务杠杆进行计量，通常通过财务杠杆系数来衡量财务杠杆作用的大小。通常情况下，财务杠杆系数越大，表明财务杠杆的作用越大，财务风险也越大；财务杠杆系数越小，表明财务杠杆的作用越小，财务风险也越小。

6. 经营杠杆跟财务杠杆是如何发挥综合作用的？

答：由于经营杠杆的作用，可以使企业以较小的销售额变化引起较大的息税前利润的变化；由于财务杠杆的作用，可以使企业以较小的息税前利润变化引起较大的普通股每股收益的变化。如果企业同时存在经营杠杆和财务杠杆，两种杠杆共同起作用，那么销售额稍有变动就会使得每股收益产生很大的变动。通常把这两种杠杆的连锁作用称为复合杠杆作用。为了达到某个复合杠杆系数，经营杠杆和财务杠杆可以有很多不同的组合，企业决策者可以通过不同的杠杆组合形式，作出正确决策。

7. 什么叫资本结构？什么叫最优资本结构？

答：（1）资本结构是指企业各种资本的构成及其比例关系。

（2）最优资本结构是指在适度财务风险的条件下，使企业的加权平均资本成本最低和企业价值最大时的资本结构。

8. 确定最优资本结构的方法有哪些？分别是如何确定的？

答：（1）确定企业的最优资本结构，可以采用的方法可以有比较资本成本法、每股收益分析法和综合分析法。

（2）比较资本成本法是指在适度财务风险的条件下，测算可供选择的不同资本结构或筹资组合方案的加权平均资本成本率，并以此为标准相互比较，确定最优资本结构的方法。

每股收益分析法是利用每股收益无差别点来进行资本结构决策的方法。

综合分析法是将加权平均资本成本、企业总价值和风险因素综合考虑进行资本结构决策的一种方法，它克服了以上两种资本结构决策方法没有考虑的风险因素的缺点。

（二）单项选择题

1. B

解析：只有留存收益是不需要考虑筹资费用的。

2. A

解析：$K_b = \dfrac{M \times i \times (1 - T)}{B_0 (1 - f)} = \dfrac{800 \times 12\% \times (1 - 25\%)}{1000 \times (1 - 4\%)} = 7.50\%$

3. C

解析：由 $Ks = \dfrac{D_1}{P_0 (1 - f)} + g$ 可知：$25\% = \dfrac{13\%}{1 - 5\%} + g$　得到 $g = 11.32\%$

4. B

解析：筹资总额分界点 $= \dfrac{400\,000}{20\%} = 2\,000\,000$（万元）

5. C

解析：由 $DOL = \dfrac{M}{EBIT} = \dfrac{M}{M - F}$ 可知，要使 DOL 为1，固定成本 F 为零。

6. A

解析：财务杠杆系数＝每股收益增长率÷息税前利润增长率＝2，由此可知，每股收益增长率＝2×10%＝20%，每股收益将增长为1×（1+20%）＝1.2（元）。

7. D

解析：由 $DOL = \dfrac{\Delta EBIT \div EBIT}{\Delta Q \div Q}$ 得到 $DOL = \dfrac{(1800 - 1000) \div 1000}{(10\,000 - 8000) \div 8000} = 3.2$

8. D

解析：由 $DOL = \dfrac{M}{EBIT}$ 可知，当 $EBIT = 0$ 时，DOL 趋于无穷大。

9. B

解析：M＝500×（1-40%）＝300，DOL＝300÷（300-a）＝1.5，a＝100

EBIT＝300-100＝200，DFL＝200÷（200-I）＝2，I＝100

当 a＝150，DOL＝300÷（300-150）＝2，DFL＝150÷（150-100）＝3，

DTL＝2×3＝6

10. B

解析：企业在追加筹资时，需要计算边际资本成本。

11. B

解析：$DFL = \dfrac{EBIT}{EBIT - I} = \dfrac{20}{20 - 150 \times 45\% \times 12\%} = 1.68$

12. C

解析：最优资金结构是指企业在一定条件下使加权平均资本成本最低、企业价值最大的资金结构。

（三）多项选择题

1. A、B、D

解析：资金成本可以用绝对数表示，也可用相对数表示，但在财务管理中，一般用相对数表示，即表示为用资费用与实际筹得资金的比例，所以 C 不正确。

2. A、B

解析：用资费用是指企业在生产经营、投资过程中因使用资金而支付的代价，如向股东支付的股利、向债权人支付的利息等，这是资金成本的主要内容。C、D 属于筹资费用。

3. B、C

解析：经营杠杆系数越大，企业的经营风险也越大，经营越不稳定；其他因素不变时，财务杠杆系数越大，则复合杠杆系数越大，D 的说法相反。

4. B、C、D

解析：A 选项中息税前利润将增加 30%，所以错误。

5. B、D

解析：根据经营杠杆系数的计算公式"经营杠杆系数＝边际贡献÷（边际贡献－固定成本）＝1÷（1－固定成本÷边际贡献）"可知，边际贡献越大，经营杠杆系数越小，固定成本越小，经营杠杆系数越小。边际贡献＝销售收入－单位变动成本×产销量。由此可见，销售额降低、单位变动成本增加，边际贡献降低，经营杠杆系数上升，经营风险增加。所以，该题答案为 B、D。

6. A、D

解析：固定成本在销售收入中的比重大小对企业风险有重要影响，因此，A 的说法不正确；固定成本增大，息税前利润会减小，财务杠杆系数会增大，财务风险会增大，所以 D 的说法不正确。

7. A、B、C

解析：产销业务量增长率＝10%÷2＝5%，选项 A 正确；财务杠杆系数＝30%÷10%＝3，选项 B 正确；复合杠杆系数＝2×3＝6，选项 C 正确。

8. A、B、D

解析：财务杠杆系数＝普通股每股利润变动率÷息税前利润变动率。当财务杠杆系数为 1 时，分子分母应该相等，即普通股每股利润变动率等于息税前利润变动率。

9. B、D

解析：债务性筹资会加大财务杠杆作用。

10. A、C、D

解析：A、C、D 选项都属于负债对企业的影响。

11. A、B、C、D

解析：影响资金结构的因素有企业财务状况、企业资产结构、企业产品销售情况、投资者和管理人员的态度、贷款人和信用评价机构的影响、行业因素、所得税税率的高低、利率水平的变动趋势。

12. A、D

解析：由每股收益无差别点法可知，当预计销售额低于每股收益无差别点时，采用权益筹资方式比采用负债筹资方式有利；当预计销售额高于每股收益无差别点时，采用权益筹资方式比采用负债筹资方式有利。故选 A、D 选项。

（四）判断题

1. 错

解析：超过筹资突破点筹集资金，即使维持现有的资本结构，其资本成本率也会发生变化。

2. 错

解析：销售数量与经营杠杆系数的关系为：

$$DOL = \frac{px - bx}{px - bx - a} = \frac{p - b}{p - b - \dfrac{a}{x}}$$

当其他因素不变时，产销量 x 越大，经营杠杆系数 DOL 越小；反之，产销量 x 越小，经营杠杆系数 DOL 越大。

3. 对

4. 对

5. 错

解析：从成熟的证券市场来看，企业筹资的优序模式首先是内部筹资，其次是借款、发行债券、可转换债券，最后是发行新股筹资。

6. 对

7. 对

（五）计算分析题

1. 解析：

（1）债券资本成本 $K_b = \dfrac{M \times i \times (1-T)}{B_0 (1-f)} = \dfrac{2000 \times 10\% \times (1-25\%)}{2000 \times (1-2\%)} = 7.65\%$

（2）优先股资本成本 $Kp = \dfrac{Dp}{P_0 (1-f)} = \dfrac{1000 \times 10\%}{1000 \times (1-3\%)} = 12.37\%$

（3）普通股资本成本 $Ks = \dfrac{D_1}{P_0 (1-f)} + g = \dfrac{5000 \times 10\%}{5000 \times (1-4\%)} + 4\% = 14.42\%$

（4）加权平均资本成本：

$$Kw = \sum_{j=1}^{n} KjWj = \dfrac{2000}{8000} \times 7.65\% + \dfrac{1000}{8000} \times 12.37\% + \dfrac{5000}{8000} \times 14.42\% = 12.47\%$$

2. 解析：

年利息 $I = 5\,000 \times 40\% \times 6\% = 120$（万元）

固定成本 $F = 420 - 120 = 300$（万元）

（1）$DOL = \dfrac{M}{EBIT} = \dfrac{3000 \times (1-40\%)}{3000 \times (1-40\%) - 300} = 1.2$

（2）$DFL = \dfrac{EBIT}{EBIT - I} = \dfrac{1500}{1500 - 120} = 1.09$

（3）$DTL = DOL \times DFL = 1.2 \times 1.09 = 1.31$

（4）2010 年每股收益增长率 $= 1.31 \times 60\% = 78.6\%$

3. 解析：

$I_1 = 600 \times 10\% = 60$（万元）

$I_2 = 600 \times 10\% + 600 \times 12\% = 132$（万元）

$N_1 = 500 + 600/3 = 700$（万股）

$N_2 = 500$（万股）

（1）$EPS_1 = \dfrac{(\overline{EBIT} - I_1)(1-T)}{N_1} = \dfrac{(300-60)(1-25\%)}{700} = 0.26$（元）

$EPS_2 = \dfrac{(\overline{EBIT} - I_2)(1-T)}{N_2} = \dfrac{(300-132)(1-25\%)}{500} = 0.25$（元）

（2）由 $EPS_1 = EPS_2$ 得到 $\dfrac{(\overline{EBIT} - I_1)(1-T)}{N_1} = \dfrac{(\overline{EBIT} - I_2)(1-T)}{N_2}$，即

$$\dfrac{(\overline{EBIT} - 60)(1-25\%)}{700} = \dfrac{(\overline{EBIT} - 132)(1-25\%)}{500}$$

求得：$\overline{EBIT} = 312$（万元）

（3）$DFL_1 = \dfrac{EBIT}{EBIT - I_1} = \dfrac{300}{300-60} = 1.25$

$DFL_2 = \dfrac{EBIT}{EBIT - I_2} = \dfrac{300}{300-132} = 1.79$

（4）由于 $EPS_1 = 0.26$ 元 $> EPS_2 = 0.25$ 元，所以可以判断采用方案 1 可以获得较高的每股收益。

4. 解析：

$I_1 = 120 + 72 = 192$（万元）

$I_2 = 120$ 万元

$N_1 = 60$ 万股

$N_2 = 60 + 15 = 75$（万股）

（1）由 $EPS_1 = EPS_2$ 得到 $\dfrac{(\overline{EBIT} - I_1)(1 - T)}{N_1} = \dfrac{(\overline{EBIT} - I_2)(1 - T)}{N_2}$，即

$$\frac{(\overline{EBIT} - 192)(1 - 25\%)}{60} = \frac{(\overline{EBIT} - 120)(1 - 25\%)}{75}$$

求得：$\overline{EBIT} = 480$（万元）

（2）$EPS = \dfrac{(\overline{EBIT} - I)(1 - T)}{N} = \dfrac{(480 - 192)(1 - 25\%)}{60} = 3.6$（元）

（3）因为追加筹资 600 万元后预期的息税前利润为 500 万元，大于每股收益无差别点 480 万元，所以选择用债券筹资方式，即方案 1。

5. 解析：

（1）边际贡献总额 M = 销售收入 − 变动成本

$\qquad = 8000 \times (5 - 4)$

$\qquad = 8\,000$（万元）

（2）息税前利润 EBIT = 边际贡献总额 − 固定营业成本

$\qquad = 8\,000 - 6\,000$

$\qquad = 2\,000$（万元）

（3）该企业的经营杠杆系数 $DOL = \dfrac{M}{EBIT} = \dfrac{8000}{2000} = 4$

由 $DOL = \dfrac{\Delta EBIT / EBIT}{\Delta Q / Q}$ 得到

息税前利润增长率 $\dfrac{\Delta EBIT}{EBIT} = 4 \times 20\% = 80\%$

（4）$DFL = \dfrac{EBIT}{EBIT - I} = \dfrac{2000}{2000 - 1000} = 2$

$DTL = DOL \times DFL = 4 \times 2 = 8$

或 $\quad DTL = \dfrac{边际贡献}{息税前利润 - 利息} = \dfrac{M}{EBIT - I} = \dfrac{8000}{2000 - 1000} = 8$

### 三、案例分析

案例一参考答案：

（1）杉杉集团是如何进行资本结构调整的？

答：一是在产品经营期间，积极增加负债，获取财务杠杆利益；二是在企业高成长期间，保持适度负债，选择最优资本结构。

（2）资本结构调整是怎样使杉杉集团走出困境的？

答：在产品经营期间，积极增加负债，获取财务杠杆利益。企业的财务策划以增加财务杠杆利益为出发点，采用积极型筹资策略，大量提高债务比重，同时加强治理，降低资金成本，减少筹资风险，从而提高了权益资本收益率，获取了较大的财务杠杆利益，为企业快速完成资本原始积累发挥了积极的作用。

在企业高成长期间，保持适度负债，选择最优资本结构。使企业既获取了财务杠杆利益；企业财务信誉大大提高，为稳定发展创造了良好的财务环境。

（3）杉杉集团有哪些财务措施值得借鉴？

答：一是企业理财目标需要深化；二是调整资本结构，获取"财务杠杆利益"；三是企业二次创业需高度重视防范财务风险。

案例二提示：

（1）引进其他影业公司合拍影片；引入风险投资或私募股权投资；运用版权从银行等金融机构贷款；开拓版权预售。

（2）引入风险投资或私募股权投资，此举除了引入资金外，更重要的是引入了审计和财务管理制度，引入了资金方对资金使用的有力监管，从而保证了严格的成本控制。

运用版权从银行等金融机构贷款，可以使资金流转顺畅。开拓版权预售，加快资金回笼。

# 第五章 流动资产管理

## 思考与练习题

### 一、预习要览

**（一）关键概念**

流动资产 管理成本 机会成本 短缺成本 转换成本 成本分析法

存货模型分析法 信用标准 信用条件 现金折扣 收账政策

经济订货批量 ABC 分类管理法 适时制管理

**（二）重要公式**

成本分析模式：

现金持有总成本 = 机会成本 + 管理成本 + 短缺成本

$Cz = Cj + Cg + Cd$

存货模型：

现金管理总成本 = 机会成本 + 转换成本

$$TC = \frac{Q}{2} \times K + \frac{T}{Q} \times F$$

最佳现金持有量：

$$Q = \sqrt{\frac{2TF}{K}}$$

现金持有总成本：

$$TC = \sqrt{2TFK}$$

应收账款的机会成本 = 维持赊销业务所需资金 × 资金成本率

维持赊销业务所需资金 = 应收账款平均余额 × 变动成本率

$$= \frac{年赊销额}{360} \times 平均收账天数$$

经济订货批量基本模型：

$$Q = \sqrt{\frac{2TF}{C}}$$

最低存货总成本 $TC = \sqrt{2TFC}$

## 二、练习题

### （一）简答题

1. 流动资产管理在企业财务管理中占有什么样的地位？

2. 什么是流动资产？它包括哪些内容？

3. 现金的功能是什么？

4. 持有现金会产生哪些成本？

5. 对应收账款应当如何管理？

6. 什么是存货？它有哪些功能？

7. 在什么样的前提条件下才能运用经济订货批量基本模型？

8. 什么是 ABC 分类管理法？如何运用这种方法？

### （二）单项选择题

1. 流动资产是指可以在一年内或者超过一年的一个营业周期内（　　）或运用的资产。

    A. 借出             B. 借入             C. 变现             D. 循环

2. 流动资产的特点是（　　）。

    A. 占用时间长，周转快，易变现

    B. 占用时间短，周转慢，不易变现

    C. 占用时间短，周转快，易变现

    D. 占用时间长，周转慢，不易变现

3. 企业为满足交易动机而持有现金，所需考虑的主要因素（　　）。

    A. 企业销售水平的高低          B. 企业举债能力的大小

    C. 企业发展能力的强弱          D. 企业对待风险的态度

4. 现金周转金包括（　　）。

    A. 应收账款周转期和应付账款周转期

    B. 应收账款周转期和存货周转期

    C. 应付账款周转期和存货周转期

    D. 应收账款周转期、应付账款周转期和存货周转期

5. 持有过量现金可能导致的不利后果是（　　）。

    A. 财务风险大                     B. 资产流动性下降

    C. 偿债能力下降                   D. 盈利能力下降

6. 用 ABC 分类法管理存货时，对 B 类存货应（　　）。

    A. 分品种重点管理               B. 分类别一般控制

    C. 按总额灵活掌握               D. 无须管理

7. 在企业应收账款管理中，明确规定信用期限和现金折扣的是（　　）。

    A. 信用条件     B. 信用政策     C. 收账政策     D. 账龄分析

8. 坏账损失是（　　）。

    A. 管理成本     B. 机会成本     C. 固定成本     D. 坏账成本

9. 某企业规定信用条件是"2/20，n/30"，一客户从该企业购入原价为 10 000 元的原材料，并于购后第 18 天付款。该客户实际支付的货款是（　　）元。

    A. 10 000         B. 8000         C. 9800         D. 12 000

10. 一般情况下，企业采用积极的收账政策，可导致（　　）。

    A. 坏账损失增加                 B. 应收账款增加

    C. 收账费用增加                 D. 收账期延长

（三）多项选择题

1. 企业持有现金的动机是（　　）。

    A. 满足交易的需要             B. 保证正常的营运

    C. 投机性需要                   D. 为了应付紧急情况

2. 企业之所以采用赊销，是为了（　　）。

    A. 多交朋友                     B. 促进销售

    C. 减少存货                     D. 减少

3. 下列各项中，属于信用政策的有（　　）。

    A. 采购成本     B. 信用条件     C. 信用标准     D. 收账政策

4. 存货的进货成本通常包括（　　）。

    A. 订货成本     B. 储存成本     C. 购置成本     D. 缺货成本

5. 通常情况下，企业持有现金的机会成本（　　）。

    A. 与现金余额成正比         B. 等于投资于有价证券的收益

    C. 与持有时间成反比         D. 与决策无关

6. 对信用期限不正确的是（　　）。

    A. 信用期限越长，企业坏账风险越大

    B. 信用期限越长，企业坏账风险越小

C. 信用期限越长，应收账款的机会成本越低

D. 信用期限越长，应收账款的机会成本越高

7. 经济进货批量基本模型是建立在（　　　）假设条件之上的。

    A. 企业能及时补充所需存货　　　　B. 存货不考虑销售折扣

    C. 每批订货之间相互独立　　　　　D. 年需求量可以预测

8. ABC 分类法的标准主要有（　　　）。

    A. 重量　　　　B. 金额　　　　C. 体积　　　　D. 品种数量

9. 为了提高现金使用效率，企业应当（　　　）。

    A. 力争现金流入与流出同步　　　　B. 加速收款，推迟应付款的支付

    C. 使用现金浮游量　　　　　　　　D. 尽量使用汇票支付

10. 采用成本分析模式确定最佳现金持有量时，现金的持有成本包括（　　　）。

    A. 变动成本　　B. 管理成本　　C. 短缺成本　　D. 机会成本

（四）计算分析题

1. 山河公司预计 2010 年需要现金 150 000 元，其现金收支状况基本稳定，有价证券的年利率为 5%，有价证券与现金的转换成本为每次 600 元。要求确定：

（1）该公司的最佳现金持有量。

（2）在最佳现金持有量条件下的全年现金管理相关总成本、全年现金转换成本和全年现金持有机会成本。

（3）在最佳现金持有量条件下的全年有价证券交易次数和交易间隔期。

2. 华商公司甲材料的年需求量为 3600 吨。销售公司规定：客户每批购买量不足 900 吨的，按照每吨 8000 元的单价销售；每批购买量在 900 吨以上 1800 吨以下的，按照每吨价格优惠 1% 销售；每批购买 1800 吨以上的，价格优惠 3%。已知每批进货费用 250 元，每吨材料的年储藏成本为 20 元。要求计算实行数量折扣时的最佳经济订货批量。

3. 增运公司有如下的统计分析表：

表 5－1 　　　　　　　　　　增运公司账龄分析表

2010 年 12 月 31 日

| 应收账款账龄 | 账户数量 | 金额（千元） | 所占比例（%） |
| --- | --- | --- | --- |
| 信用期内 | 50 | 190 | 46.3 |
| 超过信用期 1～20 天 | 20 | 80 | 19.5 |
| 超过信用期 21～40 天 | 10 | 50 | 12.2 |
| 超过信用期 41～60 天 | 8 | 40 | 9.8 |

表5-1（续）

| 应收账款账龄 | 账户数量 | 金额（千元） | 所占比例（%） |
|---|---|---|---|
| 超过信用期61~80天 | 6 | 20 | 4.9 |
| 超过信用期81~100天 | 3 | 20 | 4.9 |
| 超过信用期100天以上 | 1 | 10 | 2.4 |
| 合计 | 100 | 410 | 100 |

根据上表内容进行分析，你可以得出什么结论。

4. 山地公司预测2012年度的赊销收入净额为36 000 000元，应收账款周转期（收账天数）为60天，变动成本率为75%，资金成本率为10%。要求计算应收账款机会成本。

## 三、案例分析

案例一：

### "粤皇科技"案例

"粤皇科技"案被判还款68万元。

2008年7月16日和7月21日广州市瑞丰彩印有限公司两次与粤皇食品科技有限公司签订购销合同。"瑞丰彩印"公司受"粤皇科技"公司委托，负责加工"粤皇科技"与粤皇食品公司共同出品的粤皇月饼各种规格、包装的月饼盒，总计185万盒，货款为74万余元。2008年7月31日至9月4日期间"瑞丰彩印"如期向"粤皇科技"交付了货物，但"粤皇科技"并未按合同支付货款，仍拖欠686 311元。为此，2009年9月28日，"瑞丰彩印"将"粤皇科技"公司和粤皇食品公司告上法庭。

2010年4月13日，番禺区人民法院作出一审判决，要求"粤皇科技"在判决生效之日起5日内向"瑞丰彩印"支付货款686 311元。该案又经广州中级人民法院二审维持一审原判，目前这一判决已经生效。

二审后，"瑞丰彩印"到番禺区法院申请强制执行，并于2010年12月22日完案。可是，到2011年2月，"瑞丰彩印"仍无法追回拖欠货款。无奈之下，"瑞丰彩印"公司负责人卢沛泉为讨欠款，持刀劫持"粤皇科技"公司女财务人员，触犯了刑法。

"粤皇科技"名下无车无房。

番禺人民法院表示：执行经办法官已采取了多项执行措施。经过查询中国银行、中国工商银行、中国建设银行、中国农业银行和农村商业银行五大银行后，"粤皇科技"公司仅在农村商业银行中有两个银行账户，余额仅为148.95元和708.26元。

经进一步查询，"粤皇科技"公司名下无机动车辆，亦无任何房产。唯一可被执行财产就是少量的办公设备，但这些办公设备，已因该公司拖欠另一单位（天河区某粮油公司）债务而被依法查封，并已进入拍卖程序。

据番禺区人民法院透露，仅 2008 年以来"粤皇科技"公司共有 6 起拖欠债务案件，涉及金额达 3 735 061.78 元。其中 4 起因该公司没有可供执行的财产而不得不终止。

目前，"粤皇科技"公司的法定代表人林华新的具体居住位置不详，去向不明。香禺人民法院将启动与公安机关的联动机制，通过公安机关的协助寻找林华新本人。

（资料来源：南方都市报 2011 年 2 月 18 日）

通过阅读上述案例，请回答下列问题：

(1) "瑞丰彩印"公司在经营中出现了什么问题？

(2) "瑞丰彩印"公司应当采取什么样的收款政策？

(3) 你认为应如何对待这一案件？

(4) 若你是"瑞丰彩印"公司的负责人，应吸取哪些教训？

案例二：

## 四川长虹概况

四川长虹是 1988 年 6 月由国营长虹机器厂独家发起并控股成立的股份制试点企业；同年 7 月经中国人民银行绵阳市分行批准向社会公开发行普通股 3600 万元。1994 年 3 月 11 日，四川长虹在上海 A 股上市，每股发行价 1 元，但上市首日开盘价达到 16.80 元，收盘为 19.69 元。在 1997 年 5 月一度达到 66.18 元的历史最高位。

长虹的净资产从 3950 万元迅猛扩张到 133 亿元，曾为"中国彩电大王"，"长虹"品牌也成为全国驰名商标。

**案例材料：应收账款问题**

应收款项居高不下一直是严重困扰家电行业上市公司的主要问题之一，从当初 PT 水仙（原 600625，现已终止上市）的巨亏，一直到 2003 年 ST 长岭（000561）等家电行业上市公司的巨亏，无一不是和巨额的应收款项密切相关。长虹也存在着应收账款居高不下的隐患。上市之初，四川长虹的利润连年快速增长。然而在四川长虹的利润高速增长的背后，应收账款也迅速增加，并且应收账款周转率逐年下降，且明显低于其他 3 家彩电业上市公司的同期应收账款周转率。巨额应收账款的存在，大幅度减少了经营活动的现金流量净额，很有可能造成企业现金周转的困难，增加了企业的经营风险和财务风险。

**案例材料：海外扩张**

四川长虹上市之初的好景并没有持续太长，从 1998 年开始，彩电价格战愈演愈烈，使得彩电业的利润很快被稀释掉，而且市场上已出现了供大于求的局面，此时四川长虹的经营业绩开始直线下降，1998 年、1999 年、2000 年的净利润分别为 20 亿元、

5.3 亿元和 2.7 亿元。

为遏制经营业绩的下滑以及由此而带来的股价下跌，2001 年 2 月，原长虹集团总经理倪润峰再度出山，选择了走海外扩张之路，力求成为"全球彩电霸主"，欲为四川长虹寻找一个新的利润来源。

### 案例材料：美国经销商 Apex

数次赴美考察后，四川长虹与美国 Apex Digital Inc 公司（以下简称 PApex 公司）进行了商谈。四川长虹自 2001 年 7 月开始将彩电发向海外，由 Apex 公司在美国直接提货。然而彩电发出去了，货款却未收回。按照出口合同，接货后 90 天内 Apex 公司就应该付款，否则长虹方面就有权拒绝发货。然而，四川长虹一方面提出对账的要求，另一方面继续发货。直到 2004 年初，四川长虹又发出了 3000 多万美元的货给 Apex 公司。而且，在四川长虹的海外销售额中，Apex 公司作为四川长虹对美出口最大的经销商，一直占有较高的比例。

### 案例材料：Apex 公司巨额欠款

来自 Apex 公司的长期拖欠款使四川长虹的应收账款年年创出新高。应收账款在主营业务收入中的比例也与年俱增。截至 2003 年年底，应收账款的期末余额高达 50.84 亿元，而在这笔巨额应收账款中，仅来 Apex 公司一家的欠款就高达 44.51 亿元。大量的应收账款集中于一家经销商，其风险不言而喻。而在 2002 年年报时，Apex 公司拖欠四川长虹的货款金额为 38.29 亿元，当时就已经受到市场很大的质疑，而公司 2003 年年报应收 Apex 公司的欠款不仅比年初时增加了 6.22 亿元，同时还出现了 9.34 亿元账龄在一年以上的欠款。四川长虹虽已经为此计提了 9338 万元的坏账准备，但应收账款给公司带来的风险已经开始显现。

### 案例材料：Apex 公司背景

Apex 公司 1999 年年底才在美国市场亮相，公司由季龙粉与徐安克共同创建，主要销售 Apex 品牌的 DVD，但仅用一年时间就超越了索尼和松下等知名品牌，成为美国 DVD 市场的新霸主。然而，Apex 公司虽然表面辉煌，实际经营上却存在着严重的问题。其主要通过小额交易建立信誉，然后用赊账的方式与供应商交易，拖欠了国内多家 DVD 制造商数千万美元的货款。如此一家劣迹斑斑的销售商，却作为四川长虹对美出口最大的经销商，这实在是一个巨大的风险。

### 案例材料：亏损年报

2004 年 12 月 28 日，四川长虹发布了年度预亏提示性公告。在公告中首次承认，受应收账款计提和短期投资损失的影响，预计 2004 年度将出现大的亏损。

2005 年 4 月，四川长虹披露的年报报出上市以来的首次亏损，2004 年全年实现主营业务收入 115.38 亿元，同比下降 18.36%。全年亏损 36.81 亿元，每股收益为

－1.701元。截至2004年年底，公司对Apex公司所欠货款按个别认定法计提坏账准备的金额约为25.97亿元，该项会计估计变更对2004年利润总额的影响数约为22.36亿元。同时，截至年报披露日，公司逾期未收回的理财本金和收益累计为1.83亿元。

同时，在2004年12月14日，四川长虹以一组与Apex公司于2004年10月签订的一系列协议为据，向美国加利福尼亚州洛杉矶高等法院申请临时禁止令，要求禁止Apex公司转移资产及修改账目。四川长虹在上报法院的资料中称，按照"协议"，Apex公司共欠四川长虹4.72亿美元货款。自此开始了漫长的追讨历程。

2005年3月，四川省绵阳市领导在一个新闻发布会上透露，长虹已经从Apex公司追回1亿美元。2005年7月，双方达成协议，Apex公司向四川长虹提供三部分资产抵押作为其部分欠款1.5亿美元的担保。Apex公司抵押的三部分资产：一是Apex公司的不动产；二是Apex公司及其总裁季龙粉持有的香港创业板上市公司"中华数据广播控股有限公司"的股权；三是Apex公司商标。三部分资产的抵押登记手续于当月办理完毕。

截至2006年4月22日，四川长虹发布信息披露，已于2006年4月11日与美国Apex公司及季龙粉三方签署协议，约定Apex公司承担对四川长虹的1.7亿美元（约13.6亿元）债务，三方由此终止在美国的所有诉讼。该协议经双方确认无异议于4月20日生效。而资料显示，截至2005年年末，四川长虹应收Apex公司的货款为4.576亿美元，累计计提坏账准备3.138亿美元。这意味着，如果Apex公司偿还了四川长虹1.7亿美元的债务，那么在财务上，四川长虹将会增加约13.6亿元现金流入，同时公司还能冲掉已计提的坏账准备，此部分保守估计超过2亿元，意味着四川长虹的每股收益将增加0.11元。此外，四川长虹集团以其持有的公司2.66亿股股份，抵偿其已形成的对公司的非经营性资金占用及其资金占用利息11.95亿元。2006年4月11日公司直接从长虹集团股票账户上将定向回购股份予以注销。公司注册资本相应减少，这样有利于改善公司的财务结构，提高收益的水平。

**案例材料：重获新生**

Apex事件让四川长虹经历了上市以来的36.81亿元的首次巨亏，但在充分释放了风险后，2005年，四川长虹实现主营业务收入150.61亿元，比2004年同期增长30.53%；净利润2.85亿元，比2004年同期增长107.74%。2006年实现净利润3.10亿元，比2005年增长7.32%。同时，2006年12月，四川长虹发布资产置换关联交易公告透露，上市公司将对美国Apex公司的4亿元债权和近12亿元存货悉数甩给母公司，四川长虹集团将长虹商标和土地使用权置入上市公司进行资产置换。随着此次公告的出台，一直困扰四川长虹的"历史遗留问题"——Apex纠纷终于与上市公司无关。

[资料来源：王化成. 商业伦理下的盈余质量 [J]. 财务与会计：理财版，2005 (11)]

思考题：

（1）应收账款的功能和成本是什么？企业进行应收账款管理的基本目标是什么？

（2）四川长虹应收账款管理出了什么问题？

（3）怎样加强应收账款管理？

# 参考答案

## 二、练习题

（一）简答题

1. 流动资产管理在企业财务管理中占有什么样的地位？

答：

（1）可以加速流动资产周转，从而减少流动资产占用，这样就能促进生产经营的发展。

（2）有利于促进企业加强核算，提高生产经营管理水平。

（3）可以保障企业正常生产经营过程的顺利进行，避免因缺乏流动资产而造成的企业活动的中断。

（4）对提高整个企业的经营管理水平、提高企业的资产适用效率、改善企业的财务状况，具有重要意义。

2. 什么是流动资产？它包括哪些内容？

答：流动资产是指企业资产中变动性较强的那部分资产，具体是指在一年内或超过一年的一个营业周期内使用或变现的资产。它主要包括：

（1）现金，即货币资金。它包括企业持有现金和存入银行的可随时提取的存款。

（2）应收及预付款项。它是指企业可延期收回和预先支付的款项，如应收票据、应收账款等。

（3）存货。它是指企业库存或正在生产耗用的物资，包括各种原材料、燃料、包装物、低值易耗品、备用品和备用零部件、在产品、自制半成品、产成品、外购商品等。

（4）交易性金融资产。它是指持有时间在一年内的各种有价证券，如各种能够随时变现的短期债券、股票等。

3. 现金的功能是什么？

答：现金具有以下功能：

（1）交易性动机。企业每天的运营都离不开现金。

（2）预防性动机。企业为了防止发生或应对突发事件而置存一定数量的现金，称为预防性动机。

（3）投机动机。企业为了抓住稍纵即逝的投资机会以获取较大的利益而置存一定数量的现金。

4. 持有现金会产生哪些成本？

答：持有现金会产生以下成本：①管理成本；②机会成本；③短缺成本；④转换成本。

5. 对应收账款应当如何管理？

答：为了提高资金利用的效率，提高企业盈利水平，企业应加强对应收账款的管理，其主要工作是：①科学决策；②制定并采取合理的信用政策；③加强日常管理。

6. 什么是存货？它有哪些功能？

答：存货，即企业库存的各种物质。它包括原材料、燃料、低值易耗品、半成品、在产品、产成品、委托加工材料、包装物、尚未销出的商品等。

存货是企业正常生产经营的保证，也是一种自然存在。其功能主要是保证生产经营的正常性和连续性。

7. 在什么样的前提条件下才能运用经济订货批量基本模型？

答：在以下前提条件可以运用经济订货批量基本模型：

（1）企业全年的进货总量可以预先确定；

（2）企业现金充实，可以随时购货，不会因现金短缺而影响进货；

（3）存货市场供应充足，可以随时供货，不存在缺货甚至无货的情况；

（4）市场价格平稳，且不因批发数量多少而使价格发生变化；

（5）存货储存成本和每次进货费用为已知；

（6）不考虑存货购进价值和缺货成本。

8. 什么是 ABC 分类管理法？如何运用这种方法？

答：ABC 分类管理法是将企业的所有存货按照价值的高低和数量的多少划分为 A、B、C 三大类别。

ABC 分类管理法一般可按下列步骤进行：

（1）统计并制表列出本企业全部存货的详细资料。它包括存货品种名称、数量、单价、库存量、总金额。

（2）计算每一种存货的库存量总金额占企业全部存货总金额的百分比。

（3）按价值大小进行排序，价值最高的排首位，价值最低的排末位，由大到小的顺序排列。

（4）从上到下顺序累加各存货品种的总金额占的百分比，当累加到70%左右时，以上存货品种统统归属于 A 类存货。

（5）继续进行百分比累加，百分比介于70%～90%之间的存货品种归属于 B 类存货，剩下的存货品种全部划分为 C 类存货。

（二）单项选择题

1. C

解析：流动资产是指企业资产中变动性较强的那部分资产，具体是指在一年内或超过一年的一个营业周期内使用或变现的资产。

2. C

解析：流动资产与固定资产是相对而言的。它具有以下特点：①占用时间短，周转快；②变动性大；③变现能力强。

3. A

解析：企业为满足交易动机而持有现金，最主要的因素是企业销售水平的高低。

4. D

解析：现金周转期 = 应收账款周转期 - 应付账款周转期 + 存货周转期

5. D

解析：企业持有过多的现金，导致机会成本增加，即收益水平下降。

6. B

解析：B 类介于 A 类和 C 类之间，可以采取适中的方法进行管理。如在其内部在细分为几个类别组，然后按类别组进行管理。

7. A

解析：信用条件包括信用期限和现金折扣。

8. D

解析：坏账成本又称为坏账损失。

9. C

解析：在 20 天内付款可享受 2% 的折扣，则原价为 10 000 元的原材料，享受 2% 后，该客户实际支付的货款为 9800 元 [10 000 ×（1 - 2%）]。

10. C

解析：采用积极的收账政策，可以减少坏账损失，应收账款减少，收账费用增加，收账期缩短。

（三）多项选择题

1. A、B、C、D

解析：交易性动机、预防性动机、投机动机。

2. B、C

解析：赊销有利于促进企业的销售以及库存的减少。

3. B、C、D

解析：信用政策包括信用条件、信用标准、收账政策。

4. A、C

解析：存货的进货成本包括订货成本和购置成本。

5. A、B

解析：企业持有的现金越多，机会成本越大，企业持有的现金等于投资有价证券的收益。

6. B、C

解析：信用期限越大，企业坏账风险越大，机会成本越高。

7. A、B、C、D

解析：经济订货批量基本模型：

（1）企业全年的进货总量可以预先确定；

（2）企业现金充实，可以随时购货，不会因现金短缺而影响进货；

（3）存货市场供应充足，可以随时供货，不存在缺货甚至无货的情况；

（4）市场价格平稳，且不因批发数量多少而使价格发生变化；

（5）存货储存成本和每次进货费用为已知；

（6）不考虑存货购进价值和缺货成本。

8. B、D

解析：ABC 分类的标准主要是金额和品种数量。

9. A、B、C、D

解析：提高现金使用效率通常有：尽力加速收款，合理延缓付款，力争现金流量同步，以及尽量使用汇票支付来推迟付款。

10. B、C、D

解析：现金持有成本包括管理成本、短缺成本和机会成本。

（四）计算分析题

1. 解析：

（1）$Q = \sqrt{\dfrac{2 \times 150\,000 \times 600}{5\%}} = 60\,000$（元）

（2）$TC = \sqrt{2 \times 150\,000 \times 600 \times 5\%} = 3000$（元）

转换成本 $=\dfrac{T}{Q} \times F = \dfrac{150\ 000}{60\ 000} \times 600 = 1500$（元）

机会成本 $=\dfrac{Q}{2} \times K = \dfrac{60\ 000}{2} \times 5\% = 1500$（元）

（3）交易次数 $=\dfrac{T}{Q} = \dfrac{150\ 000}{60\ 000} = 2.5$（次）

间隔期 $=\dfrac{360}{2.5} = 144$（天）

2. 解析：

根据已知条件，先按基本模型，计算经济订货批量：

$$Q = \sqrt{\dfrac{2 \times 3600 \times 250}{20}} = 300（元）$$

再计算不同订货批量下的存货总成本。列表如下：

| 订货批量<br>（吨） | 进货成本<br>（元） | 平均存货量<br>（吨） | 储存成本<br>（元） | 订货次数<br>（次） | 进货费用<br>（元） | 总成本<br>（元） |
|---|---|---|---|---|---|---|
| 300 | 3600×8000<br>=2 880 0000 | 300/2=150 | 150×20=3000 | 12 | 12×250=3000 | 28 806 000 |
| 900 | 28 800 000×（1−1%）<br>=28 512 000 | 900/2=450 | 450×20=9000 | 4 | 4×250=1000 | 28 522 000 |
| 1800 | 28 800 000×（1−3%）<br>=27 936 000 | 1800/2=900 | 900×20=18 000 | 2 | 2×250=<br>500 | 27 954 500 |

由上表可见，每次进货1800吨时，存货总成本最低。因此，该公司每次购入1800吨材料为宜，费用最低。

3. 解析：

该公司的应收账款的管理还是很乐观的，信用期限内的客户占46.3%，那么企业要对超过信用期的客户进一步管理，以此来减少企业的风险。

通过账龄分析，企业可以针对不同信用等级的客户，采取不同的收账措施，对可能发生的坏账损失，先应采取防范准备。这对于企业确定应收账款的方向和工作重点有重要作用，可以帮助企业及时调整信用政策，努力加快应收账款的还款进度、提高流动资产的使用效率水平。

4. 解析：

应收账款的机会成本 $=\dfrac{年赊销额}{360} \times 平均应收账款天数 \times 变动成本率 \times 资本成本率$

$$= \dfrac{36\ 000\ 000}{360} \times 60 \times 75\% \times 10\%$$

$$= 450\ 000（元）$$

## 三、案例分析

案例一参考答案：

(1)"瑞丰彩印"公司在经营中出现了什么问题？

答：企业在选择经营公司时，没有首先对公司的历史资料进行查看或者调查，轻率地选择了该公司，对于该公司的银行账户以及资产没有仔细的调查，并且该公司有过6次拖欠债务案件。

(2)"瑞丰彩印"公司应当采取什么样的收款政策？

答：催收强度是指催收账款的力度。一般应遵循如下顺序进行逐步强化：买卖双方谈判→收回抵押财产→请求仲裁→诉诸法律。在一般情况下，诉诸法律是最后的解决方式，也是不得已而为之。如果应收账款数额小或客户根本无力偿还货款，则最好不上告法院。因为对簿公堂耗时耗力耗钱，往往是得不偿失。对于数额较大的应收账款而买方客户又有偿还能力，则在仲裁无果的情况下，一定要诉诸法律，请求法院判定并强制执行。

(3)你认为应如何对待这一案件？

答：诉诸法律，请求法院判定并强制执行。

(4)若你是"瑞丰彩印"公司的负责人，应吸取哪些教训？

答：对于恶意拖欠、信用品质差劣的客户应当从信用清单中除名，不再对其赊销，并态度强硬地加紧催收所欠。催收无果，可与其他经常被该客户拖欠或拒付账款的同伴企业联合向法院起诉，以增强其信誉不佳的有力证据。一般对久追不回的欠款，在常规程度不能解决的情况下，应采取法律措施，包括：①发律师函，提出问题以及解决问题的办法，特别要提出违法的后果。②向人民法院提出申请向债务人发"支付令"，这种办法简单易行，如果债务人在一定期限内没提出异议，就产生了法律效力，可以申请强制执行。③民事诉讼，正式起诉债务人。④申请强制执行。法律是保护伞，运用法律手段是债权人的权利。当然，不到迫不得已，仍以友好协商为上策。

总之，企业要发展，必须要扩大产品销售，而赊销是扩大销售的基本方法之一。因此，企业应收账款回收风险以及由此产生的财务风险总是存在的，我们只有采取适当的信用政策及管理方法使风险最低、收益最大。

案例二提示：

(1)应收账款的两大功能，适当展开说明；成本主要包括三个，要区分现金成本。

(2)巨额应收账款的存在，大幅度减少了经营活动的现金流量净额，很有可能造成企业现金周转的困难，增加了企业的经营风险和财务风险。

(3)从几个方面考虑，例如赊销业务上的管理、对于已经存在应收账款问题要怎样及时解决、对于应收账款的监管力度等。

# 第六章 固定资产管理

## 思考与练习题

### 一、预习要览

#### （一）关键概念

固定资产　　固定资产折旧　　现金流量　　初始现金流量　　营业现金流量

终结现金流量　　投资回收期　　投资报酬率　　净现值　　获利指数

内含报酬率　　差额分析法　　平均年成本法　　资本限量决策

#### （二）重要公式

年现金净流量＝年现金流入量－年现金流出量

营业现金流量＝营业收入－付现成本－所得税

营业现金流量＝净利润＋折旧

营业现金流入＝税后营业收入－税后付现成本＋折旧抵税金额

$$投资回收期 = \frac{原始投资额}{年现金净流量（NCF）}$$

$$投资报酬率 = \frac{年平均净收益}{原始投资额} \times 100\%$$

净现值：

$$NPV = \sum_{t=1}^{n} \frac{NCFt}{(1+i)^t} - C$$

获利指数：

$$PI = \frac{\sum_{t=1}^{n} \dfrac{NCFt}{(1+i)^t}}{C}$$

内含报酬率：

$$\sum_{t=1}^{n} \frac{NCFt}{(1+IRR)^t} - C = 0$$

## 二、练习题

### (一) 简答题

1. 固定资产管理有哪些基本的要求?

2. 按现行财务制度规定,应计提折旧的固定资产有哪些?

3. 影响固定资产折旧的因素有哪些? 如何制订固定资产折旧计划?

4. 为什么要选择现金流量指标作为固定资产投资决策指标的基础?

5. 在固定资产投资决策中,不同阶段的现金流量各有何特点?

6. 贴现现金流量指标主要有哪几个? 运用这些指标进行投资决策时的规则是什么?

7. 新旧设备可使用年限不同时,如何作出是否更新的决策?

8. 在资本限额条件下,对一组相互独立的项目怎样进行筛选?

### (二) 单项选择题

1. 下列各项中,不属于现金流入量的是 ( )。

    A. 营业收入                        B. 固定资产的余值

    C. 回收流动资金                   D. 付现成本

2. 某投资项目的原始投资额为 100 万元,使用寿命为 9 年,已知项目投产后每年的经营净现金流量均为 30 万元,期满处置固定资产的残值收入为 5 万元,回收流动资金 8 万元,则该项目第 9 年的净现金流量为 ( ) 万元。

    A. 30             B. 35               C. 43               D. 38

3. 下列关于投资项目营业现金流量预计的各种做法中,不正确的是 ( )。

    A. 营业现金流量等于税后净利加上折旧

    B. 营业现金流量等于营业收入减去付现成本再减去所得税

    C. 营业现金流量等于税后收入减去税后成本再加上折旧引起的税负减少额

    D. 营业现金流量等于营业收入减去营业成本再减去所得税

4. 某企业计划投资 10 万元建一生产线,预计投资后每年可获净利 1.5 万元,年折旧率为 10% ,则投资回收期为 ( ) 年。

    A. 3              B. 5               C. 4               D. 6

5. 如果某一投资方案的净现值为正数,则必然存在的结论是 ( )。

    A. 投资回收期在一年以内

    B. 获利指数大于 1

    C. 投资报酬率高于 100%

    D. 年均现金净流量大于原始投资额

6. 下列说法不正确的是（　　）。

A. 内含报酬率是能够使未来现金流入量现值等于未来现金流出量现值的贴现率

B. 内含报酬率是方案本身的投资报酬率

C. 内含报酬率是方案净现值等于零的贴现率

D. 内含报酬率是使方案获利指数等于零的贴现率

7. 某固定资产投资方案，当贴现率为 16% 时，其净现值为 338 万元；当贴现率为 18% 时，其净现值为 −22 万元。该方案的内含报酬率为（　　）。

A. 15.88%　　　　B. 16.12%　　　　C. 17.88%　　　　D. 18.14%

8. 当两个固定资产投资方案为互斥选择时，应优先选择（　　）。

A. 净现值大的方案　　　　　　　　B. 获利指数大的方案

C. 投资回收期短的方案　　　　　　D. 原始投资额小的方案

9. 某企业打算变卖一套尚可使用 6 年的旧设备，并购置一台新设备替换它，旧设备的账面价值为 510 万元，变价净收入为 610 万元，新设备的投资额为 915 万元，到第 6 年年末新设备的预计净残值为 15 万元，旧设备的预计净残值为 10 万元，则更新设备每年增加折旧额为（　　）万元。

A. 66.67　　　　B. 50　　　　C. 48.33　　　　D. 49.17

10. 在资本限量情况下最佳投资方案必然是（　　）。

A. 净现值合计最高的投资组合

B. 获利指数大于 1 的投资组合

C. 内部收益率合计最高的投资组合

D. 净现值之和大于零的投资组合

（三）多项选择题

1. 我国固定资产折旧的方法有（　　）。

A. 直线法　　　　　　　　　　　　B. 工作量法

C. 双倍余额递减法　　　　　　　　D. 年数总和法

2. 下列各项中，属于长期投资决策静态评价指标的是（　　）。

A. 内含报酬率　　　　　　　　　　B. 投资回收期

C. 获利指数　　　　　　　　　　　D. 投资报酬率

3. 计算净现值时的折现率可以是（　　）。

A. 投资项目的资金成本　　　　　　B. 投资的机会成本

C. 社会平均资金收益率　　　　　　D. 投资项目的内含报酬率

4. 下列各项中，属于净现值指标的缺点的是（　　）。

A. 没有考虑投资的风险性

B. 不能从动态的角度直接反映投资项目的实际收益率水平

C. 当各项目投资额不等时，仅用净现值无法确定投资方案的优劣

D. 净现金流量的测量和折现率的确定比较困难

5. 降低贴现率，下列指标会变大的是（　　　　）。

A. 净现值 　　　　　　　　　　B. 获利指数

C. 投资回收期 　　　　　　　　D. 投资报酬率

（四）判断题

1. 净利润的计算比现金流量的计算有更大的主观随意性，作为决策的主要依据不太可靠。　　　　　　　　　　　　　　　　　　　　　　　　　　（　　　）

2. 无论每年的营业现金流量是否相等，投资回收期均可按下式计算：投资回收期 = 原始投资额 ÷ 每年的 NCF。　　　　　　　　　　　　　　　（　　　）

3. 在互斥方案选择决策中，净现值法有时会作出错误的决策，而内部报酬率法始终能得出正确的答案。　　　　　　　　　　　　　　　　　　　　（　　　）

4. 初始现金流量与营业现金流量之和就是终结现金流量。　　（　　　）

5. 对于寿命不相等的两个投资项目，也可以直接计算两个项目的净现值，并选择净现值较大的项目作为可行项目。　　　　　　　　　　　　　　　（　　　）

（五）计算分析题

1. 甲企业拟建造一项生产设备，预计建设期为 1 年，所需原始投资 100 万元于建设起点一次投入。该设备预计使用寿命为 4 年，使用期满报废清理时残值 5 万元。该设备折旧方法采用双倍余额递减法。该设备投产后每年增加净利润 30 万元。假定适用的行业基准折现率为 10%。

要求：

（1）计算项目计算期内各年的净现金流量；

（2）计算该项目的净现值、获利指数；

（3）利用净现值指标评价该投资项目的财务可行性。

2. 某公司因业务发展的需要，准备购入一套设备。现有甲、乙两个方案可供选择：

甲方案需投资 20 万元，使用寿命为 5 年，采用直线法计提折旧，5 年后无残值。5 年中每年销售收入为 8 万元，每年的付现成本为 3 万元。

乙方案需投资 24 万元，也采用直线法计提折旧，使用寿命也为 5 年，5 年后有残值收入 4 万元。5 年中每年销售收入为 10 万元，付现成本的第一年为 4 万元，以后随着设备不断陈旧，将逐年增加日常修理费 2000 元，另需垫支营运资金 3 万元。假设所得税率为 40%。

要求：

（1）试计算两个方案的现金流量。

（2）如果该公司资本成本为10％，试用净现值法对两个方案作出取舍。

3. 某公司计划购置一台设备，有A、B两种型号可供选择，两种型号设备的使用性能相同，但使用年限不同，有关资料如下表所示：

表6-1　　　　　　　　　　　　　　　　　　　　　　　　　　　　　　单位：元

| 设备 | 售价 | 各年维修操作成本 | | | | | | | | 残值 |
| | | 第1年 | 第2年 | 第3年 | 第4年 | 第5年 | 第6年 | 第7年 | 第8年 | |
| A | 10 000 | 2000 | 2000 | 2000 | 2000 | 2000 | 2000 | 2000 | 2000 | 1500 |
| B | 5000 | 1500 | 2000 | 2500 | 3000 | 3500 | | | | 500 |

如果该公司的资本成本率为10％，应选用哪一种型号的机器？

4. 某公司有A、B、C、D四个投资项目可供选择，其中A与D是互斥方案，有关资料如下：

表6-2　　　　　　　　　　　　　　　　　　　　　　　　　　　　　　单位：元

| 投资项目 | 原始投资 | 净现值 | 获利指数 |
| --- | --- | --- | --- |
| A | 120 000 | 67 000 | 1.56 |
| B | 150 000 | 79 500 | 1.53 |
| C | 300 000 | 111 000 | 1.37 |
| D | 160 000 | 80 000 | 1.5 |

要求：

（1）确定投资总额不受限制时的投资组合；

（2）如果投资总额限定为50万元时，作出投资组合决策。

## 三、案例分析

案例一：

"津津"快餐店在学校西门外租用一间售货亭向学生出售快餐，租赁合同规定的期限为3年，3年后售货亭作为临时建筑将被拆除。经过一个月的试营业后，"津津"快餐店发现，每天的午饭和晚饭时间买快餐的学生很多，但是售货亭很小，只有一个售货窗口，所以学生不得不排起长队，有些学生因此而离开。为了解决这一问题，"津津"快餐店设计了四种不同的方案，试图增加销售量，从而增加利润。

方案一：改装售货亭，增加窗口。这一方案要求对现有售货亭进行大幅度的改造，所以初始投资较多，但是因为增加窗口吸引了更多的顾客，所以收入增加也会相应较多。

方案二：在现有的售货窗口的基础上，更新设备，提高每份快餐的供应速度，缩短供应时间。

以上两个方案并不互相排斥，可以同时选择。但是，以下两个方案则要放弃现有的售货亭。

方案三：建造一个新的售货亭。此方案需要将现有的售货亭拆掉，在原来的地方建一个面积更大、窗口更多的新的售货亭。此方案的投资需求最大，预期增加的收入也最多。

方案四：在学校内租一间更大的售货亭。此方案的初始支出是新售货亭的装修费用，以后每年的增量现金流出是当年的租金支出净额。

"津津"快餐店可用于这项投资的资金需要从银行借入，资金成本为10%，与各个方案有关的现金流量预计如下表所示：

表6-3  四个方案的预计现金流量  单位：元

| 方案 | 投资额 | 第1年 | 第2年 | 第3年 |
|------|--------|-------|-------|-------|
| 增加新的售货窗口 | −150 000 | 80 000 | 80 000 | 80 000 |
| 革新现有设备 | −100 000 | 46 000 | 46 000 | 46 000 |
| 建造新的售货亭 | −250 000 | 120 000 | 120 000 | 120 000 |
| 租赁更大的售货亭 | −10 000 | 12 000 | 13 000 | 14 000 |

（资料来源：荆新，王化成，刘俊彦. 财务管理学 [M]. 4版. 北京：中国人民大学出版社，2006. 有修改）

思考题：

（1）如果运用内含报酬率指标，"津津"快餐店应该选择哪个方案？

（2）如果运用净现值指标，"津津"快餐店应选择哪个方案？

（3）如何解释用内含报酬率指标和净现值指标进行决策时所得到的不同结论？哪个指标更好？

案例二：

### 上海迪士尼招商　一期投资超500亿元

2009年11月23日，国家发展和改革委员会在网站上发布，"2009年10月，经报请国务院同意，我委正式批复核准上海迪士尼乐园项目。该项目由中方公司和美方公司共同投资建设。项目建设地址位于上海市浦东新区川沙新镇，占地116公顷。项目建设内容包括游乐区、后勤配套区、公共事业区和一个停车场"。2011年4月8日，上海迪士尼乐园正式动工。预计2015年完工。

上海迪士尼乐园，是中国第二个、亚洲第三个、世界第六个迪士尼主题公园，迪士尼乐园向来是全球建造成本最高的主题乐园之一。

2012年5月25日，上海迪士尼项目主体所坐落的川沙镇，启动了对外的招商规划。

一个月之前，上海迪士尼度假区建设场地的两大重要地块正式移交给美方建设。这个重大的进展立即让川沙镇兴奋。依托大项目的带动，川沙镇在25日的招商会上透露，将集中推出14幅商业、住宅地块、4幅工业地块。

川沙新镇人民政府副镇长徐欣告诉本报，现在也在综合开发川沙古镇的旅游资源，吸引未来的迪士尼的游客。

迪士尼项目辐射范围将远远不止于川沙，对于经济正在下滑的上海而言，加快这样的大项目对经济的带动尤为关键。

在迪士尼乐园的建设过程中，基建和商业地产将首先获益，而后期的运营过程中，将拉动包括文化旅游在内的上百个产业收入增长。

对于重大项目，目前业界的一般共识是包括配套基础设施在内的间接投资是直接投资的7~10倍。如果以7倍计算，首期建设的迪士尼区域占地3.9平方千米，预定投资额为245亿元，能够带动的总投资额将达1715亿元。

记者近日从上海发展和改革委员会获得的资料显示，迪士尼一期项目及市政配套资金规模将达521亿元。

**迪士尼效应**

2012年5月15日，上海统计局发布的数据显示，1~4月，上海全社会固定资产投资1223.80亿元，比2011年同期下降0.4%。

与此同时，4月，上海实现的外贸进出口总额为345.73亿美元，比2011年同月下降2.8%。其中，出口同比下降4.1%；进口下降1.6%。这是自2009年10月以来本市进出口同比首次出现"双降"。

外需不足、房地产下滑，地方政府可选择的手段之一，便是依靠大项目的投资带动经济。

一个大项目对于周边或者行业上下游的带动作用非常大，对于经济的拉动是立竿见影的。

以迪士尼项目为例，川沙新镇人民政府副镇长徐欣透露，上海迪士尼的相关招商已吸引众多投资者和企业，涉及演艺、创意文化、餐饮、酒店、内容制作等产业。

这主要分为三类：一是必须建设在迪士尼项目附近的"在地项目"；二是业务相关但未必建在迪士尼附近的项目；三是相关产业，比如中介、保障服务、消费品、物流服务等。

4月26日，上海迪士尼度假区建设场地移交仪式上，场地完成方上海申迪建设有限公司将两大重要地块施工现场移交给中美合作的业主公司——上海国际主题乐园有限公司。这标志着主题乐园主体工程具备了全面启动的基础条件。

据悉，上海迪士尼乐园的基础设施施工将很快启动，酒店和零售餐饮娱乐区施工也已于2012年下半年启动。这是迪士尼项目在2009年宣布开始建设以来，首次公布建设进度。预计这个年游客量达到上千万的综合旅游项目，对于上海经济的拉动绝不亚于世博园。分析人士认为，以每年1000万游客计算，全年门票销售将超20亿元。按照以往的迪士尼产业链效应，1元的门票将拉动8元的消费，因此，仅是计算行食住、游购娱等最基本的游客消费，迪士尼每年带来的服务业产值将达到160亿元。由此，上海旅游、酒店、餐饮、观光、交通等产业将直接受益。

**金融的支持**

迪士尼项目获得金融支持目前较为乐观。上海统计局发布的数据显示，在固定资产投资上，2012年1~4月，上海市到位的建设资金合计为4142.69亿元，其中本年到位资金2601.35亿元，增长2.9%。

宁越敏认为，诸多省市目前在大项目的建设上，签约的项目投资总量都惊人，即便国家发展和改革委员会在项目审批上或比以往快，但是项目的开动与进展上还要看国家金融政策的情况。

"银行如果不放贷，估计这些项目很难进行。"宁越敏表示。但对上海这个正在建设的国际金融中心而言，在资金上似乎相对周边省市有一些优势。

4月10日，在一场"上海市2012年重大项目建设推进会暨银团贷款签约仪式"上，银团贷款签约的项目便涉及了迪士尼等多个领域。

"如果5月份经济数据持续下滑的话，银根上估计还是要继续放松一点，这样可能对大项目的进度上有好处。"宁越敏表示地方政府也将对迪士尼项目倾力支持。

这是因为迪士尼对上海的转型有重要意义。"十二五"期间上海提出要实现创新驱动、转型发展，形成以服务经济为主的产业结构。有业界人士估算，迪士尼项目建成后，每年带来的服务业产值将达500亿元，众多行业将直接从中受益。

（资料来源：赵飞飞．上海迪士尼招商 一期投资超500亿 http://epaper.21cbh.com/html/2012-05/31/content_25438.htm? div=-1）

思考题：

（1）固定资产投资需经过哪些步骤和程序？

（2）上海迪士尼项目投资在上海的发展过程中起到了什么样的作用？

（3）收集上海迪士尼项目后来发展的有关资料，分析固定资产投资的风险。

# 参考答案

## 二、练习题

（一）简答题

1. 答：企业固定资产管理主要有以下几个基本要求：

（1）正确预测固定资产需用量，合理配置固定资产；

（2）正确计提折旧，及时补偿固定资产损耗价值；

（3）做好固定资产的投资预测与决策，提高投资效益；

（4）加强固定资产的日常控制，提高固定资产的利用效率。

2. 答：按现行财务制度规定，应计提折旧的固定资产包括：①房屋及建筑物；②在用的机器设备、仪器仪表、运输车辆等；③季节性停用和大修理停用的设备；④以融资租赁方式租入的固定资产和以经营租赁方式租出的固定资产。

3. 答：为了正确计算折旧、合理运用资金，企业必须明确计提折旧的范围，了解影响折旧计算的因素，采用合理的方法计算折旧。具体地讲，影响折旧的因素包括：①固定资产原价；②固定资产的净残值；③固定资产减值准备；④固定资产的使用寿命。

编制固定资产折旧计划，主要是预计企业计划年度固定资产增减变动情况，并计算计划年度应计提固定资产基本折旧额，以便于进行资金的合理调度和正确计算产品成本，保证企业固定资产的再生产，为企业制订成本、费用计划提供准确的资料。固定资产折旧计划包括下列主要指标：①计划期末应计折旧固定资产总值；②计划期应计折旧固定资产平均总值；③计划年度应计提的固定资产折旧额。

4. 答：选择现金流量指标作为固定资产投资决策指标的基础，主要是基于下列原因：

（1）现金流量考虑了货币的时间价值因素。由于投资项目的时间跨度大，不同时间的资金具有不同的价值，所以其投资的资金时间价值的作用和影响是不可忽视的。采用现金流量来评价项目的优劣，显然更为准确。

（2）用现金流量能使投资决策更符合客观实际情况。现金流量是以收付实现制为基础，比会计利润更具刚性，它不会随着会计处理方法的变化而变化。

5. 答：在固定资产投资决策中，根据现金流量发生的具体时间，可将现金流量划分为以下三个部分：

（1）初始现金流量。初始现金流量是指开始投资时发生的现金流量，通常以现金流出为主，但不排除会涉及一些现金流入的发生。总的来说，初始现金流量的流出会大于流入，表现为净流出。

（2）营业现金流量。营业现金流量是指项目完工投产后，在寿命期内由于生产经营所带来的现金流入和现金流出的数量。这里的现金流入主要是指营业现金流入，而现金流出则主要是指营业现金支出（付现成本：即不包括折旧的成本）和缴纳的税金。在通常情况下，营业现金流量的现金收入会大于现金支出，所以一般表现为净流入。

（3）终结现金流量。终结现金流量是指项目经济寿命终了时发生的非经营现金流量。它主要包括回收固定资产的残值，回收垫支的流动资金和停止使用的土地变价收入等。一般表现为净流入。

6. 答：贴现现金流量指标主要有净现值、获利指数和内含报酬率指标。

（1）净现值。选择净现值进行投资决策的规则是：如果计算出来的净现值为正值，表明投资报酬率高于资金成本，该项投资方案是可行的。如果计算出来的净现值为零或负值，表明投资报酬率等于或低于资金成本，表明该投资方案不可行。在选择互斥的决策中，则选择净现值大于零且金额最大的为最优方案。

（2）获利指数。选择获利指数进行投资决策的规则是：在采纳与否的决策中，若获利指数大于或等于1，表明该项目的报酬率大于或等于预定的投资报酬率，方案可取；反之，则方案不可取。在选择互斥的决策中，则获利指数大于1且金额最大的为最优方案。

（3）内含报酬率指标。选择内含报酬率进行投资决策的规则是：若IRR大于项目的资本成本或投资最低收益率，接受该项目；反之则放弃。在有多个互斥项目的选择中，选用IRR最大的投资项目。

（4）运用这些指标在评估独立项目时，一般能够作出一致的结论。但是，对于互斥项目，按不同的标准，有时会得出不同的结论。在评估互斥项目时，应以净现值为基准。

7. 答：新旧设备可使用年限不同时，固定资产更新问题就变为两个或两个以上使用寿命不同的投资项目的选择问题。

对于不同的项目，不能对它们的净现值、内部报酬率和获利指数进行直接比较。为了使投资项目的各项指标具有可比性，此时可采用平均年成本法进行评价。

8. 答：资本限量决策的步骤是：

（1）先计算出所有方案的 NPV 值及 PI 值；

（2）选择 NPV ≥ 0 或 PI ≥ 1 的方案为备选方案；

（3）在资本限量内对各种备选方案进行组合，计算出各种组合的净现值或获利指数；

（4）接受净现值或获利指数最大的投资组合。

（二）单项选择题

1. D

解析：现金流入量指的是由于实施了该方案而增加的资金。现金流入量主要包括：经营利润、固定资产报废时的残值收入、项目结束时收回的原投入在该项目流动资产上的流动资金以及固定资产的折旧费用。

2. C

解析：第 9 年的现金净流量 = 第 9 年的营业现金流 + 回收固定资产的残值 + 回收垫支的流动资金 = 30 + 5 + 8 = 43（万元）

3. D

解析：营业现金流量 = 营业收入 - 付现成本 - 所得税

或：营业现金流量 = 营业收入 -（营业成本 - 折旧）- 所得税

$$= 营业收入 - 营业成本 - 所得税 + 折旧$$

$$= 净利润 + 折旧$$

受所得税的影响，营业现金流入 = 税后营业收入 - 税后付现成本 + 折旧抵税金额

4. C

解析：年现金净流量 = 净利润 + 折旧

$$= 1.5 + 10 \times 10\%$$

$$= 2.5（万元）$$

投资回收期 = 原始投资额/年现金净流量

$$= 10 \div 2.5$$

$$= 4（年）$$

5. B

解析：$NPV = \sum_{t=1}^{n} \dfrac{NCF_t}{(1+i)^t} - C$

如果净现值大于零，那么，$\sum_{t=1}^{n} \dfrac{NCF_t}{(1+i)^t}$ 大于 C，则 $PI = \dfrac{\sum_{t=1}^{n} \dfrac{NCF_t}{(1+i)^t}}{C}$ 大于 1。

6. D

解析：内含报酬率反映的是方案本身实际达到的报酬率，它是在整个方案的实施运行过程中，能够使未来现金流入现值等于现金流出现值的贴现率，即能够使得项目的净现值为零时的报酬率。

7. C

解析：

| 贴现率 | 净现值 |
|--------|--------|
| 16% | 338 |
| IRR | 0 |
| 18% | −22 |

用插值法计算该方案的内含报酬率如下：

$$IRR = 16\% + \frac{338 - 0}{338 - (-22)} \times (18\% - 16\%)$$

$$= 17.88\%$$

8. A

解析：投资回收期和投资报酬率均不考虑货币的时间价值，在评价投资方案是否可行时，只能作为辅助的指标，不能作为主要的评价标准。运用贴现指标在评估独立项目时，一般能够作出一致的结论。在评估互斥项目时，应以净现值为基准。

9. B

解析：旧设备的年折旧额是按照更新改造当时旧设备的变价净收入扣除假定可继续使用若干年后的预计净残值，再除以预计可继续使用年限计算出来的。

旧设备的年折旧额 =（610 − 10）÷ 6 = 100（万元）

新设备的年折旧额 =（915 − 15）÷ 6 = 150（万元）

更新设备每年增加的折旧额 = 150 − 100 = 50（万元）

10. A

解析：当资金有一定限度，不可能接收所有可行性项目时，则接受净现值或获利指数最大的投资组合。

（三）多项选择题

1. A、B、C、D

解析：我国固定资产折旧的方法有直线法、工作量法和加速折旧法，其中加速折旧法包括双倍余额递减法和年数总和法。

2. B、D

解析：非贴现现金流量评价方法是指不考虑货币时间价值的评价方法，也称为静态评价方法，具体包括投资回收期和投资报酬率法。

3. A、B、C

解析：在实务中，一般可以以投资项目的资本成本、资本的机会成本或社会资金平均收益率作为贴现率。

4. B、C、D

解析：虽然净现值考虑投资的风险性，但它是一个绝对数，当各项目投资额不等时，仅用净现值无法确定投资方案的优劣；不能从动态的角度直接反映投资项目的实际收益率水平；净现金流量的测量和折现率的确定比较困难。

5. A、B

解析：

A. 净现值　$NPV = \sum_{t=1}^{n} \frac{NCFt}{(1+i)^t} - C$

贴现率降低，$\sum_{t=1}^{n} \frac{NCFt}{(1+i)^t}$ 变大，C 不变，因此净现值 NPV 变大。净现值随着贴现率的降低呈反方向变化。

B. 获利指数 $PI = \dfrac{\sum_{t=1}^{n} \frac{NCFt}{(1+i)^t}}{C}$ 当贴现率降低时，$\sum_{t=1}^{n} \frac{NCFt}{(1+i)^t}$ 变大，C 不变，因此 PI 变大。

C、D 项都是非贴现指标，不考虑货币时间价值，因此投资回收期和投资报酬率均不受影响。

（四）判断题

1. 对

2. 错

解析：年现金净流量可能相等，也可能不等，在计算回收期时有以下两种方法。如果每年现金净流量相等，投资回收期可按下式计算：投资回收期＝原始投资额÷每年的 NCF。

如果每年现金净流量不相等，计算回收期要根据每年年末尚未回收的投资额加以确定。

3. 错

解析：对于互斥项目，按不同的标准，有时会得出不同的结论。在评估互斥项目时，应以净现值为基准。

4. 错

解析：终结现金流量是指项目经济寿命终了时发生的非经营现金流量。主要包括回收固定资产的残值，回收垫支的流动资金等。

5. 错

解析：对于使用寿命不相等的两个投资项目，不能对它们的净现值、内部报酬率和获利指数进行直接比较。为了使投资项目的各项指标具有可比性，此时可采用平均年成本法进行评价。

(五) 计算分析题

1. 解析：

(1) 第 0 年净现金流量 ($NCF_0$) $= -100$（万元）

第 1 年净现金流量 ($NCF_1$) $= 0$（万元）

经营期第 1 年的折旧额 $= 100 \times 2 \div 4 = 50$（万元）

经营期第 2 年的折旧额 $= (100 - 50) \times 2 \div 4 = 25$（万元）

经营期第 3 年的折旧额 $= (100 - 50 - 25 - 5) \div 2 = 10$（万元）

经营期第 4 年的折旧额 $= (100 - 50 - 25 - 5) \div 2 = 10$（万元）

经营期第 1 年的净现金流量 ($NCF_2$) $= 30 + 50 = 80$（万元）

经营期第 2 年的净现金流量 ($NCF_3$) $= 30 + 25 = 55$（万元）

经营期第 3 年的净现金流量 ($NCF_4$) $= 30 + 10 = 40$（万元）

经营期第 4 年的净现金流量 ($NCF_5$) $= 30 + 10 + 5 = 45$（万元）

(2) 净现值

$= -100 + 80 \times (P/F, 10\%, 2) + 55 \times (P/F, 10\%, 3)$

$\quad + 40 \times (P/F, 10\%, 4) + 45 \times (P/F, 10\%, 5)$

$= -100 + 66.112 + 41.3215 + 27.32 + 27.9405$

$= 62.694$（万元）

获利指数 $= 162.694 \div 100 = 1.63$

(3) 因为净现值大于 0，故该投资方案可行。

2. 解析：

### 投资方案营业现金流量计算表

单位：元

| 项目 ＼ 时间 | 第1年 | 第2年 | 第3年 | 第4年 | 第5年 |
|---|---|---|---|---|---|
| **甲方案：** | | | | | |
| 销售收入 | 80 000 | 80 000 | 80 000 | 80 000 | 80 000 |
| 付现成本 | 30 000 | 30 000 | 30 000 | 30 000 | 30 000 |
| 折旧 | 40 000 | 40 000 | 40 000 | 40 000 | 40 000 |
| 税前利润 | 10 000 | 10 000 | 10 000 | 10 000 | 10 000 |
| 所得税 | 4000 | 4000 | 4000 | 4000 | 4000 |
| 税后利润 | 6000 | 6000 | 6000 | 6000 | 6000 |
| 营业现金流量 | 46 000 | 46 000 | 46 000 | 46 000 | 46 000 |
| **乙方案：** | | | | | |
| 销售收入 | 100 000 | 100 000 | 100 000 | 100 000 | 100 000 |
| 付现成本 | 40 000 | 42 000 | 44 000 | 46 000 | 48 000 |
| 折旧 | 40 000 | 40 000 | 40 000 | 40 000 | 40 000 |
| 税前利润 | 20 000 | 18 000 | 16 000 | 14 000 | 12 000 |
| 所得税 | 8000 | 7200 | 6400 | 5600 | 4800 |
| 税后利润 | 12 000 | 10 800 | 9600 | 8400 | 7200 |
| 营业现金流量 | 52 000 | 50 800 | 49 600 | 48 400 | 47 200 |

### 投资方案全部现金流量计算表

单位：元

| 项目 ＼ 时间 | 第0年 | 第1年 | 第2年 | 第3年 | 第4年 | 第5年 |
|---|---|---|---|---|---|---|
| **甲方案：** | | | | | | |
| 固定资产投资 | −200 000 | | | | | |
| 营业现金流量 | | 46 000 | 46 000 | 46 000 | 46 000 | 46 000 |
| 现金净流量 | −200 000 | 46 000 | 46 000 | 46 000 | 46 000 | 46 000 |
| **乙方案：** | | | | | | |
| 固定资产投资 | −240 000 | | | | | |
| 垫支流动资金 | −30 000 | | | | | |
| 营业现金流量 | | 52 000 | 50 800 | 49 600 | 48 400 | 47 200 |
| 固定资产残值 | | | | | | 40 000 |
| 流动资金收回 | | | | | | 30 000 |
| 现金净流量 | −270 000 | 52 000 | 50 800 | 49 600 | 48 400 | 200 |

甲方案的净现值：

$$NPV_甲 = 46\ 000 \times (P/A, 10\%, 5) - 200\ 000$$

$$=46\ 000 \times 3.7908 - 200\ 000$$

$$= -25\ 623.2\ （元）$$

乙方案的净现值：

$$\begin{aligned}
NPV_乙 &= 52\ 000 \times （P/F，10\%，1） + 50\ 800 \times （P/F，10\%，2）\\
&\quad + 49\ 600 \times （P/F，10\%，3） + 48\ 400 \times （P/F，10\%，4）\\
&\quad + 117\ 200 \times （P/F，10\%，5） - 270\ 000\\
&= 52\ 000 \times 0.9091 + 50\ 800 \times 0.8264 + 49\ 600 \times 0.7513 + 48\ 400 \times 0.6830\\
&\quad + 117\ 200 \times 0.6209 - 270\ 000\\
&= 47\ 273.2 + 41\ 981.12 + 37\ 264.48 + 33\ 057.2 + 72\ 769.48 - 270\ 000\\
&= 232\ 345.48 - 270\ 000\\
&= -37\ 654.52\ （元）
\end{aligned}$$

甲、乙两个方案的净现值均小于零，故都不可选。

3. 解析：

$$A\ 设备的平均成本 = \frac{10\ 000 + 2000 \times （P/A，10\%，8） - 1500 \times （P/F，10\%，8）}{（P/A，10\%，8）}$$

$$= \frac{10\ 000 + 2000 \times 5.3349 - 1500 \times 0.4665}{5.3349}$$

$$= 3743.28\ （元）$$

B 设备的平均成本

$$= \frac{\begin{array}{c}5000 + 1500 \times （P/F，10\%，1） + 2000 \times （P/F，10\%，2） + 2500 \times （P/F，10\%，3）\\ + 3000 \times （P/F，10\%，4） + 3500 \times （P/F，10\%，5） - 500 \times （P/F，10\%，5）\end{array}}{（P/A，10\%，5）}$$

$$= \frac{\begin{array}{c}5000 + 1500 \times 0.9091 + 2000 \times 0.8264 + 2500 \times 0.7513 + 3000 \times 0.6830\\ + 3500 \times 0.6209 - 500 \times 0.6209\end{array}}{3.7908}$$

$$= 3642.08\ （元）$$

由计算结果可知，B 设备的平均成本较低，因此选用 B 设备比较有利。

4. 解析：

（1）如果投资总额不受限制，应该按照净现值排序，所以最佳投资组合应是 C + D + B + A。

（2）在资金总额受限制时，需要按照净现值率或获利指数的大小，结合净现值进行各种组合排队，在保证充分利用资金的前提下，净现值之和最大的为最优组合。

本题中按照获利指数的大小排序为：A、B、D、C，但是需要注意 A 与 D 是互斥的方案，不能同时出现在同一个投资组合中。故所有可能出现的组合为 A + B、A + C、

B + D、B + C、D + C，投资组合的净现值之和分别为 146 500 元、178 000 元、159 500

元、190 500 元、191 000 元，所以最佳组合为 D + C。

## 三、案例分析

案例一参考答案：

（1）计算各个方案的内含报酬率：

设方案一的内含报酬率为 $IRR_1$，则：

$80\,000 \times (P/A, IRR_1, 3) - 150\,000 = 0$，即 $(P/A, IRR_1, 3) = 1.875$。

查年金现值系数表得：$(P/A, 24\%, 3) = 1.9813$，$(P/A, 28\%, 3) = 1.8684$

利用插值法，得：

| 报酬率 | 年金现值系数 |
| --- | --- |
| 24% | 1.9813 |
| $IRR_1$ | 1.875 |
| 28% | 1.8684 |

解得：$IRR_1 = 27.77\%$

所以方案一的内含报酬率为 27.77%。

设方案二的内含报酬率为 $IRR_2$，则：

$46\,000 \times (P/A, IRR_2, 3) - 100\,000 = 0$，即 $(P/A, IRR_2, 3) = 2.1739$

查年金现值系数表得：$(P/A, 18\%, 3) = 2.1743$，$(P/A, 20\%, 3) = 2.1065$

利用插值法，得：

| 报酬率 | 年金现值系数 |
| --- | --- |
| 18% | 2.1743 |
| $IRR_2$ | 2.1739 |
| 20% | 2.1065 |

解得：$IRR_2 = 18.01\%$

所以方案二的内含报酬率为 18.01%。

设方案三的内含报酬率为 $IRR_3$，则：

$120\,000 \times (P/A, IRR_3, 3) - 250\,000 = 0$，即 $(P/A, IRR_3, 3) = 2.0833$。

查年金现值系数表得：$(P/A, 20\%, 3) = 2.1065$，$(P/A, 24\%, 3) = 1.9813$

利用插值法，得：

| 报酬率 | 年金现值系数 |
| --- | --- |
| 20% | 2.1065 |
| $IRR_3$ | 2.0833 |

24%　　　　　　　　1.9813

解得：$IRR_3 = 20.74\%$

所以方案三的内含报酬率为20.74%。

设方案四的内含报酬率为$IRR_4$，则：

$12\ 000 \times (P/F, IRR_4, 1) + 13\ 000 \times (P/F, IRR_4, 2) + 14\ 000 \times (P/F, IRR_4, 3) - 10\ 000 = 0$

利用试误法，得R = 112.30%

所以方案四的内含报酬率为112.30%。

由于方案四的内含报酬率最高，如果采用内含报酬率指标来进行投资决策，则公司应该选择方案四。

（2）计算各个方案的净现值：

方案一的NPV = $80\ 000 \times (P/A, 10\%, 3) - 150\ 000$

$\qquad\qquad = 80\ 000 \times 2.4869 - 150\ 000$

$\qquad\qquad = 48\ 952$（元）

方案二的NPV = $46\ 000 \times (P/A, 10\%, 3) - 100\ 000$

$\qquad\qquad = 46\ 000 \times 2.4869 - 100\ 000$

$\qquad\qquad = 14\ 397.4$（元）

方案三的NPV = $120\ 000 \times (P/A, 10\%, 3) - 250\ 000$

$\qquad\qquad = 120\ 000 \times 2.4869 - 250\ 000$

$\qquad\qquad = 48\ 428$（元）

方案四的NPV = $12\ 000 \times (P/F, 10\%, 1) + 13\ 000 \times (P/F, 10\%, 2)$

$\qquad\qquad + 14\ 000 \times (P/F, 10\%, 3) - 10\ 000$

$\qquad\qquad = 12\ 000 \times 0.9091 + 13\ 000 \times 0.8264 + 14\ 000 \times 0.7513 - 10\ 000$

$\qquad\qquad = 10\ 909.2 + 10\ 743.2 + 10\ 518.2 - 10\ 000$

$\qquad\qquad = 22\ 170.6$（元）

由于方案一的净现值最高，如果采用净现值指标来进行投资决策，则公司应该选择方案一。

（3）在互斥项目中，采用净现值指标和内含报酬率指标进行决策有时会得出不同的结论，其原因主要有两个：①投资规模不同。当一个项目的投资规模大于另一个项目时，规模较小的项目的内含报酬率可能较大但净现值较小，如方案四就是如此。②现金流量发生的时间不同。有的项目早期现金流入量较大，如方案一，而有的项目早期现金流入量较小，如方案四，所以有时项目的内含报酬率较高，但净现值却较小。

最高的净现值符合企业的最大利益，净现值越高，企业的收益就越大。在资金无限量的情况下，利用净现值指标在所有的投资评价中都能作出正确的决策，而内含报酬率指标在互斥项目中有时会作出错误的决策。因此，净现值指标更好。

案例二提示：

（1）①投资方向或目标选择；②估算投资方案的预期现金流量；③估计预期现金流量的风险；④计算投资方案的净现值。

（2）迪士尼乐园项目推动上海经济转型，带动上海旅游、酒店、餐饮、观光、交通等产业的发展。

（3）主要从经营风险和财务风险两方面考虑。

# 第七章　对外投资

## 思考与练习题

### 一、预习要览

**（一）关键概念**

对外投资　　债券投资　　债券估价模型　　名义收益率 实际收益率

股票投资　　股票估价模型　　市盈率　　风险投资

**（二）重要公式**

每年年末付息，到期一次还本的债券估价模型：

$$V = I \times (P/A, K, n) + F \times (P/F, K, n)$$

一次性还本付息且单利计息的债券估价模型：

$$V = (F + F \times i \times n) \times (P/F, K, n)$$

折现发行的债券估价模型：

$$V = F \times (P/F, K, n)$$

债券投资的名义收益率：

$$R = \frac{F \times i \times m + (P_2 - P_1)}{p_1 \times n}$$

股票估价的基本模型：

$$V = \sum_{t=1}^{n} \frac{D_t}{(1+K)^t} + \frac{P_n}{(1+K)^n}$$

零增长股票估价模型：

$$V = \frac{D}{K}$$

固定增长股票模型：

$$V = 360 \times \frac{平均存货余额}{销售成本}$$

股票名义收益率：

$$R = \frac{投资期的现金股利总额 + （卖出价格 - 买入价格）}{买入价格}$$

市盈率 = 普通股每股市价 ÷ 普通股每股收益

## 二、练习题

（一）简答题

1. 什么叫对外投资？其原则和特点有哪些？

2. 债券投资的特点有哪些？它的分类是怎样的？

3. 债券投资的估价模型有哪些？分别是怎样应用的？

4. 债券投资的风险有哪些？

5. 如何对债券投资进行评价？

6. 股票投资的特点和影响因素有哪些？

7. 股票投资的估价模型有哪些？分别是如何应用的？

8. 股票投资的风险有哪些？

9. 如何对股票投资进行评价？

10. 什么叫风险投资？它的六要素是怎样体现的？

11. 风险投资的运作过程和运作方式是怎样的？

（二）单项选择题

1. 下列说法中正确的是（　　）。

　　A. 国库券和公司债券都有违约风险

　　B. 国库券没有利率风险

　　C. 国库券有利率风险，但没有违约风险

　　D. 公司债券只有违约风险

2. 李先生以每张 40 元的价格购入某企业的股票，该股票目前的股利为每股 1 元，股利增长率为 2%。一年后以每张 50 元的价格出售，那么该股票的投资收益率为（　　）。

　　A. 20%　　　　　　B. 21%　　　　　　C. 2%　　　　　　D. 27.55%

3. 2009 年 1 月，星光公司购买某上市公司的股票，其购买价格为每股 50 元。2010 年 1 月，星光公司持有该股票获得现金股利每股 3 元，当月底星光公司以每股 60 元的价格出售该股票，那么该股票的投资收益率为（　　）。

　　A. 25%　　　　　　B. 26%　　　　　　C. 30%　　　　　　D. 32%

4. 债券投资者购买债券时，可以接受的最高价格为（　　）。

　　A. 债券的到期价值　　　　　　　　B. 债券的内在价值

　　C. 债券的票面价值　　　　　　　　D. 卖出的市价

5. 根据收益风险匹配原则，相同期限的金融债券、政府债券和企业债券按照利率从小到大的顺序应依次排列为（　　）。

　　A. 金融债券、政府债券、企业债券　　B. 金融债券、企业债券、政府债券

　　C. 政府债券、金融债券、企业债券　　D. 企业债券、金融债券、政府债券

6. 下列选项中，不属于对外投资管理原则的是（　　）。

　　A. 股票的预期收益率大于股利增长率

　　B. g 可以是正数、负数和零

　　C. 在股票固定增长模型中，常数 g 是股利增长率

　　D. 在市场均衡时，股票的价格以 g 的速度增加

7. 面值为 1000 元的债券，每半年付息一次，5 年期，票面利率为 8%，如果投资者要求的必要报酬率为 10%。那么债券的价值为（　　）元。

　　A. 1084. 32　　　　B. 1075. 82　　　　C. 956. 33　　　　D. 929. 77

8. 下列因素中，由通货膨胀带来的风险是（　　）。

　　A. 购买力风险　　　　　　　　　　B. 利率风险

　　C. 流动性风险　　　　　　　　　　D. 违约风险

9. 下列因素中，可以引发非系统风险的是（　　）。

　　A. 利率风险　　　　　　　　　　　B. 购买力风险

　　C. 期限性风险　　　　　　　　　　D. 违约风险

10. 估算股票价值时的折现率不能使用的是（　　）。

　　A. 国债的利息率　　　　　　　　　B. 投资者要求的必要报酬率

　　C. 股票市场的平均收益率　　　　　D. 债券收益率加适当的风险报酬率

（三）多项选择题

1. 债券投资具有投资风险小（　　）。

　　A. 本金安全性高　　　　　　　　　B. 收入稳定性强

　　C. 有优先求偿权　　　　　　　　　D. 市场流动性好

2. 利率上升时，下列说法正确的是（　　）。

　　A. 吸引投资者进行股票投资　　　　B. 股票价格下跌

　　C. 企业资本成本增加　　　　　　　D. 股票投资风险增加、收益减少

3. 股票投资的缺点有（　　）。

　　A. 收入稳定性差　　　　　　　　　B. 价格不稳定

C. 求偿权居后       D. 购买力风险高

4. 下列因素中，影响债券内在价值的有（  ）。

  A. 债券的计息方式     B. 债券的票面利率

  C. 债券的价格       D. 当前的市场利率

5. 债券投资跟股票投资相比，（  ）。

  A. 购买力风险低      B. 没有经营控制权

  C. 投资风险小       D. 收益稳定性强，收益较高

6. 企业进行股票投资的主要目的包括（  ）。

  A. 为了获得股利收入和股票买卖价差

  B. 为了获得稳定的收益

  C. 为了取得对被投资企业的控股权

  D. 为了配合长期资金的使用，调节现金余额

7. 股票投资跟债券投资相比，其特点有（  ）。

  A. 易变现        B. 风险大

  C. 价格易变动       D. 能适当降低购买力风险

8. 下列情况中，引起的风险属于可分散风险的有（  ）。

  A. 公司诉讼失败      B. 公司劳资关系紧张

  C. 市场呈现疲软现象     D. 银行调整利率水平

9. 下列情况中，属于风险投资人的有（  ）。

  A. 天使投资人       B. 风险投资公司

  C. 产业附属投资公司     D. 风险资本家

10. 风险投资的特点包括（  ）。

  A. 风险投资是一种长期的流动性差的权益资本

  B. 风险投资家既是投资者又是经营者

  C. 风险投资一般采取风险投资基金的方式运作

  D. 风险投资最终将退出风险企业

（四）判断题

1. 国库券的利率是固定的，并且没有违约风险，所以也就没有利率风险。（  ）

2. 股票的价值是指预期未来现金流入的现值，也叫股票的内在价值。  （  ）

3. 对于每年付息一次、到期还本的债券，其债券价值等于债券利息收入的现值与该债券到期收回本金的现值之和。           （  ）

4. 一种 8 年期的债券，票面利率为 10%；另一种 3 年期的债券，票面利率为 10%，这两种债券的其他方面没有什么区别。在市场利率急剧上涨时，前一种债券价

格下降得更快。 （    ）

5. 股票投资的市场风险是无法避免的，不能用多元化投资来回避，只能靠更高的报酬率来补偿。 （    ）

6. 债券的价格会随着市场利率的变化而变化，当市场利率上升时，债券价格下降；当市场利率下降时，债券价格上升。 （    ）

7. 风险投资的投资期限至少在 3~5 年以上，投资方式一般为债权投资。 （    ）

8. 对外投资按形成的产权关系不同分类，可分为实物投资和证券投资。 （    ）

9. 股票的市盈率越低，表明投资者对企业未来越来越有信心，其风险也会越小。
 （    ）

10. 风险投资的运作包括融资、投资、管理、退出四个阶段。 （    ）

（五）计算分析题

1. 绿湖企业于 2009 年 3 月 15 日以每张 1100 元的价格买入利成股份有限公司发行的利随本清的企业债券。该债券的面值为 1000 元，5 年期，票面年利率为 10%，不计复利。买入时的市场利率为 8%，不考虑所得税影响。

要求：

（1）利用债券估价模型评价绿湖企业购买该债券是否划算。

（2）如果绿湖企业于 2010 年 3 月 15 日将该债券以 1250 的市价出售，请计算该债券的投资收益率。

2. 东方企业计划利用一笔长期资金投资购买股票。现有 X 公司股票和 Y 公司股票可供选择，东方企业只准备投资一家公司的股票。已知 X 公司的股票现行市价为每股 8元，上年每股股利为 0.2 元，预计今后每年都以 8% 的增长率增长。Y 公司的股票现行市价为每股 6 元，上年每股股利为 0.50 元，股利分配政策将一贯坚持固定股利政策。东方企业要求的投资必要报酬率为 8%。

要求：

（1）利用股票估价模型分别计算 X、Y 公司股票的内在价值。

（2）替东方企业作出股票投资决策。

3. 市场上目前有两种新发行的债券，永达公司债券面值为 1000 元，票面利率为10%，期限为 5 年，单利计息，到期一次还本付息，债券的市场价格为 1050 元；昌盛公司债券面值为 1000 元，票面利率为 12%，期限也是 5 年，每年付息一次，债券的市场价格为 1000 元，投资公司预期的投资收益率为 9%。要求用债券实际收益率对这两种债券进行评价，作出投资决策。

4. 王先生在 2010 年准备投资购买股票，现在有 M、N 两家公司可供选择。从 M、N 两家公司 2009 年 12 月 31 日的有关会计报表中获知，2009 年 M 公司发放的每股股利为 6 元，股票每股市价为 35 元；2009 年 N 公司发放的每股股利为 3 元，股票每股市价为 25 元。预计 M 公司未来 5 年内股利恒定，在此之后转为正常增长，增长率为 5%；预计 N 公司股利将持续增长，年增长率为 4%，假定目前国库券的收益率为 6%，市场上所有股票的平均收益率为 10%，β 系数为 0.5。要求分别计算股票内在价值，并与股票市价相比较，判断 M、N 两家公司的股票是否值得购买 β 投资。

## 三、案例分析

案例一：

### 红杉资本 VC 传奇

美国加州绵延数里的沙丘路，因密布着共掌管 2600 亿美元的上百家风险投资公司，而被一些人称作"美国西海岸华尔街"。尽管这里缺乏华尔街式的威严或贵族气，但只要想到自 1969 年英特尔创立以来，绝大多数硅谷的高科技公司都由这里的投资者扶植壮大，便可知它对华尔街意味着什么。

在这条奇迹铺就的道路上，红杉资本是一个真正的传奇。作为一家运营近 39 年的风险投资公司，它战胜了科技跃迁和经济波动，从而获得与这一生命长度相呼应的优秀项目密度：在大型机时代，它发掘了 PC 先锋苹果电脑；当 PC 大肆发展，它培养起网络设备公司 3Com、思科；当电脑被广泛连接，互联网时代来临，它又投资于雅虎和谷歌……因其秘而不露自己的投资业绩，外界便常引用这样一种说法：它投资超过 500 家公司，其中 130 多家成功上市，另有 100 多个项目借助兼并收购成功退出。因其投资而上市的公司总市值超过纳斯达克市场总价值的 10%。

让这本杂志提供给你一些在中国从未披露过的数字：以 8 年为周期，红杉于 1992 年设立的 6 号基金的内部回报率为 110%，1995 年设立的 7 号基金的内部回报率为 174.5%，即使因设立较晚而未完全收回回报的 8 号基金，在 1998 年到 2003 年初之间的内部回报率也达到了 96%。这是一系列足令风险投资业任何人侧目的数字：行业内部回报率的平均水平，在 15%～40% 之间。

而且，红杉的传奇还在继续：业内推算，2004 年谷歌上市后，红杉将其 1250 万美元变为 50 亿美元以上回报。而它在 YouTube 上的 1150 万美元投资也随着 Google 的收购，变成了 4.95 亿美元。

在一个充斥着才智之士的高竞争行业取得如此与众不同的成就，让红杉不可避免地成为业内备受瞩目的对象，而其明星项目的投资者，如投资于苹果、甲骨文和思科的唐·瓦伦坦（Don Valentine）和发现雅虎和谷歌等的迈克尔·莫瑞茨（Michael Moritz），则成为沙丘路上的超级明星——几乎所有评论者都会将唐·瓦伦坦、迈克尔·莫瑞茨与早年投资于英特尔的亚瑟·洛克、KPCB 的约翰·杜尔并称为这一行业的"四大天王"——即使如此，多数业内人士也坦率承认，红杉令人费解。

"风险投资业有很多'层次'，你看上去很简单，但想做好，就要学习、领会很多层次。这跟好的绘画作品一样，即使表面看来简单，其实蕴涵大量的复杂性。"迈克尔·莫瑞茨比喻称。其人从不打高尔夫，业余时间喜欢绘画。而他对红杉的总结是："我们是一群人，非常非常勤奋地工作，试图确定我们投资的下一家小公司能够变得伟大。"

值得思考的是：红杉投资过程的独特之处是什么？

首先，红杉并不顺应舆论营造的流行趋势。它很少附庸大公司以大量资金打造的趋势，比如有线电视公司鼓噪的"交互电视"，也尽可能远离资本市场上的火热概念，如近年的纳米科技和P2P软件。这种高度独立性在一些时候甚至显得过于冷酷。投资过甲骨文的瓦伦坦于近年公开否定拉里·埃利森提出的"软件业将被整合为几个大公司的天下"，却对小型软件公司的开放和创新表示赞许。曾因看到硬件外包潮流而投资于伟创力的莫瑞茨则无情指出，因为利润低、需要大量的市场推广预算、且需要和零售巨头的自有品牌及亚洲的仿制品们肉搏，最近几年的热门投资概念之一消费电子产品是"大粪与泥潭"。

其次，红杉相信"思维模式迁转"下的小公司的机会。在传统行业，"大卫战胜哥利亚"的故事并不多见，但在高科技领域，这却是主旋律。看看半导体行业，早在20世纪60年代初，德州仪器已经规模巨大，但技术创新仍让仙童半导体迅速崛起，随后英特尔又超越了仙童。直到近年，长期的追随者AMD又在挑战英特尔的地位。

虽然行业的变迁发生得相当自然，但让某个个体坚持在潮流变换中持续自我更新，尤其是拒绝成功带来的束缚，则极为不易。

一个细节是，1967年瓦伦坦离开仙童前往国家半导体公司时，仙童的核心成员罗伯特·诺伊斯曾表示不解："现在去办一家半导体公司太晚了。你为什么不留在这里，我们已经做得够好了，还能做得更好。"对此，瓦伦坦的回答是："我的命运就是继续前进。"到了1969年，诺伊斯前去创办英特尔时，瓦伦坦特意致电对方："鲍伯，两年前你跟我说太晚了，为什么你现在又去办一家半导体公司？"

在红杉内，瓦伦坦和他的合伙人努力保持永不停止的自我更新。每当红杉在一家开时代之先的公司取得了巨大的成功，它都像电脑重启一般告别过去，重新寻找那些小的、未得到广泛认可的创新概念。

关于此，不妨参考谷歌之后迈克尔·莫瑞茨的投资组合：博客公司、天气预报网站、一次性相机销售公司、服务于50岁以上人群的网站、借记卡发行公司、在线游戏租赁服务公司、网络通讯簿、电子商务公司和旅游网站、手机游戏公司、用纳米技术制造下一代锂电池的A123、印度的商务流程外包服务商24/7 Customer。

所有这些公司都与流行的资本概念毫不沾边，而且你几乎找不到它们与谷歌、雅虎这些成功案例的相似之处。对此，莫瑞茨表示，只要它们能够提供第一流的服务，就能获得巨大的用户群。而他没有多谈的是：所有这些公司，都拥有着广阔的提供增值服务的空间。比如天气预报网站，它费心搭建了一个北美洲最完整的天气预报信息网络，如果这些信息能够让大量用户养成在这里了解天气的习惯，它就能提供与天气情况对应的每天的饮食、衣着、旅游等增值服务——这些内容，都可能成为广告销售源头。

而与华尔街的火热概念类似的是以前的成功经验。"没有下一个谷歌，就像没有下一个思科、下一个雅虎、下一个苹果、下一个英特尔、下一个微软一样"，莫瑞茨称，"公司各有不同，伟大的公司则有他们自己独一无二的生意之道，有其自己的印记和标识。"

而在变化万千的市场中找到"伟大的公司"的方法，依然是回答最基本的问题：谁在意这个产品？人们会不会在一个足够长的时间——比如对于风险投资公司，8 年是一个周期——保持对这种产品的关注？几乎所有日后被证明伟大的投资，都能给这两个问题以惊喜答案。

[资料来源：张亮. 红杉传奇 [J]. 环球企业家，2006（11）]

思考题：

（1）红杉风投能取得巨大成就的原因有哪些？

（2）如果想要成为风投公司投资的对象，需要具备哪些条件？

### 复星化工演绎本土直投新传奇

2006 年 12 月 26 日，浙江海翔药业股份有限公司（以下简称海翔药业）在深圳证券交易所中小板成功上市。上海复星化工医药投资有限公司（以下简称复星化工）为海翔药业第二大股东，持有 1600 万股，占公司总股本的 14.95%，持股成本 2700 万元。以海翔药业上市首日开盘价 20 元/股计算，复星化工持有的 1600 万股海翔药业价值 3.2 亿元，三年内增值超过 10 倍（未考虑股东分红收入）。复星化工何以取得如此丰厚的回报呢？

#### 复星化工的由来

复星化工成立于 2003 年 12 月 18 日，由上海复星医药产业发展有限公司、上海复星生物医药研究院有限公司与自然人周林林先生、金重仁先生共同组建。复星化工成立的直接诱因是投资海翔药业，复星化工成立的当月（2003 年 12 月 25 日）就与海翔药业的大股东罗邦鹏先生签署了股权转让协议，受让 1600 万股海翔药业股权，占公司 20% 的股权。

### 复星化工如何选择投资目标

我们通过分析复星化工如何选择海翔药业来看看复星化工是如何选择投资目标的，对于私募股权基金而言，投资目标的选择至关重要。它关系着投资的成败。复星化工为什么选择海翔药业呢？选择的过程是怎样的？

2002 年，复星化工的前身天汇投资公司通过分析后，选择投资精细化工领域。原料药为精细化工的一个分支，在国外市场上，随着大量专利药的专利过期，带来了非专利药的繁荣，从而带动了上游原料药的需求大量增加。发达国家由于成本偏高，原料药产业有向中国转移的趋势，从而也带动了国内原料药产业的发展。

复星化工在锁定原料药的基础上，然后锁定原料药行业前三名——华海药业、海正药业、海翔药业。但 2002 年海正药业已经上市，华海药业即将上市，因此只有海翔药业可以选择，复星化工进而锁定了海翔药业。

### 为什么投资海翔药业

复星化工最终选择海翔药业的原因是什么呢？①海翔药业是出库导向型企业，克林霉素系列出口量占全国出口总量的 70%，甲砜霉素、氟苯尼考的国内产量第一，60% 以上产品出口。②公司董事长兼总经理罗邦鹏与复星化工有良好的沟通。③公司建有国家新药开发工程技术研究中心手性药物中试基地和和博士后科研工作站，开发原料药、中间体以及精细化学品。④我国化学原料药企业销售收入 100 强的第 26 位，细分产品克林霉素系列、甲砜霉素氟苯尼考的国内产量第一。

投资海翔药业的成功绝不是偶然的。早在复星化工的意料之中，这得益于他们前期详细的行业分析和对企业现状与未来的分析等。复星化工投资海翔药业前，对企业未来几年的业绩进行过测算，目前海翔药业高速发展的现状与当时的预测基本吻合。

对于海翔药业的投资尽管已经获得了 10 倍收益，但海翔药业的质地很好。随着竞争地位的提高以及出口规范类市场的产品比例的增加，海翔药业未来 3 年内仍能保持 25% 以上的高速增长，复星化工将获得更多的直接投资收益。

### 复星化工的投资模式

复星化工的投资理念是强调品质、培育明星，因此对企业的质地和管理团队的要求较高，一个好的管理团队才能保证企业未来的发展与优秀的企业家和管理团队合作是复星化工投资的前提。一旦认定，就给予充分的信任，复星化工并不热衷时下私募股权基金盛行的对管理层约束的对赌协议。

复星化工的运作模式是按照咨询项目运作的。这得益于周林林在麦肯锡的工作背景。周林林 1989 年获美国马里兰大学博士学位。1995—1997 年，周林林先生在麦肯锡工作，他将从麦肯锡学到的分析方法融会贯通，用于投资决策分析中，按照咨询项目的模式来运作投资，清晰界定投资者和经营者的角色，避免对企业日常经营的干涉。

复星化工的后续管理只是从战略层面上对企业进行指导，不参与和干涉企业的日常经营管理，复星化工参与制定战略规划和战略方向，支持企业产业整合、收购兼并以及对外投资业务，帮助企业境内外上市，协助企业进行资本运作，从而提升企业价值，帮助企业增强竞争优势，达到双赢的结果。

[资料来源：邱红光，向秀霞. 3年增值10倍复星化工演绎本土直投新传奇 [J]. 科学与财富，2007 (4). 有删改]

思考题：

(1) 概括复星化工选择投资目标的程序？

(2) 复星化工为什么投资海翔药业？

(3) 复星化工三年内增值超过10倍（未考虑股东分红收入），复星化工何以取得如此丰厚的回报呢？

# 参考答案

## 二、练习题

### (一) 简答题

1. 什么叫对外投资？其原则和特点有哪些？

答：(1) 对外投资是指企业在其本身经营的主要业务以外，以现金、实物、无形资产方式，或者以购买股票、债券等有价证券方式向境内外的其他单位进行投资，以期在未来获得投资收益的经济行为。

(2) 对外投资的原则有收益性原则、安全性原则、流动性原则。对外投资的特点有：对外投资的种类比较复杂、对外投资的风险较大、对外投资的回收速度快慢不一。

2. 债券投资的特点有哪些？它的分类是怎样的？

答：(1) 债券投资有以下特点：偿还性、收益性、安全性、流动性。

(2) 债券投资的分类如下：

①按发行主体划分，债券可以分为政府债券、金融债券和公司（企业）债券。

②按是否能转换为公司股票划分，债券可以分为可转换债券和不可转换债券。

③按发行的区域划分，债券可以分为国内债券和国际债券。

④偿还期限的长短划分，债券可以分为短期债券、中期债券和长期债券。

⑤按是否有财产担保，债券可以分为抵押债券和信用债券。

⑥按票面利率是否固定划分，可以分为固定利率债券和浮动利率债券。

⑦按计息方式划分，债券可以分为单利债券、复利债券和累进利率债券。

⑧按利息的不同支付方式划分，债券可以分为一般附息债券、分期付息债券、付息债券和贴现债券。

⑨按在券面上是否记名划分，债券可以分为记名债券和无记名债券。

3. 债券投资的估价模型有哪些？分别是怎样应用的？

答：债券估价模型有以下几种：

（1）每年年末付息、到期一次还本的债券估价模型。这是债券估价的基本模型，是指在复利的方式下，通过计算债券各期利息的现值和到期收回债券收入的现值来确定债券价格的一种估价方式。

（2）一次性还本付息且单利计息的债券估价模型。这种债券平时不用支付利息，以单利形式到期一次性支付本金和利息，是我国常见的债券类型，也叫做利随本清债券。

（3）折现发行的债券估价模型。有些债券以低于面值的方式发行，且没有票面利率，到期按面值偿还，称之为纯贴现债券。这种债券的收益是偿还金额跟发行价格之间的差价，而无利息收入。

（4）半年付息、到期一次还本的债券估价模型。现实中，有时以年利率标明票面利率的债券也会规定每半年支付一次利息，支付的利息按年利息对半计算。这时债券估价时的计息次数按存续年数加倍，而贴现率要用半年期的市场利率。

（5）永续债券的估价模型。在英国，政府发行永久性统一公债。这是永续债券的典型例子，表明英国政府有义务无期限地支付固定的利息。

4. 债券投资的风险有哪些？

答：债券要承担的风险主要有违约风险、利率风险、购买力风险、流动性风险和期限性风险等。

5. 如何对债券投资进行评价？

答：债券投资的优点有：债券投资的本金安全性高；债券投资的收入稳定性强；债券的流动性强。

债券投资的缺点有：债券购买力风险大；债券持有人不能参与企业经营管理。

6. 股票投资的特点和影响因素有哪些？

答：（1）股票作为重要的投资工具，具有以下特点：①股票投资是权益性投资；②股票投资的风险大；③股票投资的收益高；④股票投资的收益不稳定；⑤股票价格的波动性大。

（2）影响股票投资的因素有行业因素、发行公司的财务状况和经营能力因素、股利政策和股价变动趋势因素等。

7. 股票投资的估价模型有哪些？分别是如何应用的？

答：

（1）贴现现金流量法是估算股票内在价值的基本方法。这种方法通过利用两个主要的参数来进行计量，一是投资期内每期的现金流入量，具体包括有每年预期的现金股利和卖价收入；二是贴现率。一般用特定股票的必要投资报酬率作为计算此股票价值的贴现率。

（2）零增长股票估价模型。如果公司每年都发放固定的股利给股东，即假定预期股利增长率为零，这种股票就称为零增长股票。

（3）固定增长股票模型。该模型假定企业处于生命周期的上升阶段，盈利能力逐年增长，并假定每年的股利以一个固定的增产率 g 增长。

（4）非固定增长股票模型。该模型还是建立在股票估价的贴现现金流模型的基础上，只是假设股利的变化是分段进行的：在企业高速发展阶段，股利以比较高的增长率 $g_1$ 增长；在企业发展速度减缓阶段，股利以正常的增长率 $g_2$ 增长。

8. 股票投资的风险有哪些？

答：股票投资的风险表现在投资期间现金股利和股票价格的变动。现金股利的所属取决于发行公司的盈利和股利政策，公司的盈利受公司的行业特征、竞争能力、管理水平和投资规模等综合因素的影响。股利政策的制定也受到法律法规和发行公司发展阶段等各种因素的影响。而股票的价格是股票内在价值的反应，除了受到宏观环境的影响外，还跟发行公司的经营业绩和发展实力等密不可分。

9. 如何对股票投资进行评价？

答：股票投资的优点有：①股票投资的收益较高；②股票的购买力风险较小；③股东拥有表决权，可影响甚至控制企业的经营决策。

股票投资的缺点有：①股利收入不稳定；②股票价格波动大；③股东求偿权靠后，无法保证资本金的最终收回。

10. 什么叫风险投资？它的六要素是怎样体现的？

答：

（1）风险投资是由职业金融家投入到新兴的、迅速发展的、具有巨大竞争潜力的企业中一种权益资本。

（2）风险资本、风险投资人、投资对象、投资期限、投资目的和投资方式构成了风险投资的六要素。

11. 风险投资的运作过程和运作方式是怎样的？

答：（1）风险投资的运作包括融资、投资、管理、退出四个阶段。融资阶段解决"钱从哪儿来"的问题；投资阶段解决"钱往哪儿去"的问题；管理阶段解决"价值增值"的问题；退出阶段解决"收益如何实现"的问题。

（2）风险投资的运作方式一般采取风险投资基金的方式。

（二）单项选择题

1. C

解析：国库券有利率风险，但没有违约风险。公司债券有利率风险，也有违约风险。

2. D

解析：$R = \dfrac{\text{投资期的现金股利总额} + （\text{卖出价格} - \text{买入价格}）}{\text{买入价格}}$

$= \dfrac{1 \times （1 + 2\%） + （50 - 40）}{40}$

$= 27.55\%$

3. B

解析：$R = \dfrac{\text{投资期的现金股利总额} + （\text{卖出价格} - \text{买入价格}）}{\text{买入价格}}$

$= \dfrac{3 + （60 - 50）}{50}$

$= 26\%$

4. B

解析：债券投资者购买债券时，可以接受的最高价格为债券的内在价值。

5. C

解析：根据收益风险匹配原则，按照利率从小到大的顺序应依次排列的是政府债券、金融债券、企业债券。

6. B

解析：A、C、D 均属于对外投资管理原则。

7. D

解析：$V = \sum\limits_{t=1}^{2n} \dfrac{F \times i/2}{（1 + K/2）^t} + \dfrac{F}{（1 + K）^n}$

$= \sum\limits_{t=1}^{10} \dfrac{1000 \times 8\% \div 2}{（1 + 10\% / 2）^t} + \dfrac{1000}{（1 + 10\%）^5}$

$= 40 \times （P/A, 5\%, 10） + 1000 \times （P/F, 10\%, 5）$

$= 929.77 （元）$

8. A

解析：购买力风险是由通货膨胀带来的风险。

9. D

解析：违约风险可以引发非系统风险。

10. A

解析：国债的利息率不能使用估算股票价值时的折现率。

（三）多项选择题

1. A、B、D　　2. B、D　　3. A、B、C　　4. A、B、D　　5. B、C　　6. A、
B、C、D　　7. B、C、D　　8. A、B　　9. A、B、C、D　　10. A、B、D

（四）判断题

1. 错

解析：国库券的利率是固定的，没有违约风险，但有利率风险。

2. 对

3. 对

4. 对

5. 错

解析：股票投资的市场风险是无法避免的，但可以在投资过程中尽量规避风险，
减少投资损失的出现。

6. 对

7. 错

解析：风险投资的投资期限至少在 3~5 年以上，投资方式一般为股权投资。

8. 错

解析：对外投资按形成的产权关系不同分类，可以分为债权投资和股权投资。

9. 错

解析：股票的市盈率越高，表明投资者对企业未来越来越有信心，其风险也会
越小。

10. 对

（五）计算分析题

1. 解析：

（1）$V = \dfrac{F + F \times i \times n}{(1+K)^n}$

$= \dfrac{1000 + 1000 \times 10\% \times 5}{(1+8\%)^5}$

$= 1500 \times 0.6806$

$$= 1020.9 （元）$$

由于债券发行价格高于其内在价值，所以绿湖企业不值得去进行投资。

（2） $R = \dfrac{F \times i \times m + (P_2 - P_1)}{p_1 \times n}$

$$= \dfrac{1000 \times 10\% + (1250 - 1100)}{1100}$$

$$= 22.73\%$$

2. 解析：

（1） X 公司股票的内在价值为：

$V_x = \dfrac{D_0 (1 + g)}{K - g}$

$$= \dfrac{0.2 \times (1 + 6\%)}{8\% - 6\%}$$

$$= 10.6 \ 元$$

Y 公司股票的内在价值为：

$V_y = \dfrac{D}{K}$

$$= \dfrac{0.50}{8\%}$$

$$= 6.25 （元）$$

（2） 由于 $V_x = 10.6$ 元 > 现行市价 8 元， $V_y = 6.25$ 元 > 现行市价 6 元，表明 X、Y 两家公司股票的内在价值均大于股票现行市价，所以 X、Y 两家公司的股票都值得购买投资，但投资 X 公司的股票能获得更高的收益。所以，建议投资 X 公司的股票。

3. 解析：

（1） 永达公司债券的内在价值为：

$V_1 = \dfrac{F + F \times i \times n}{(1 + K)^n}$

$$= \dfrac{1000 + 1000 \times 10\% \times 5}{(1 + 9\%)^5}$$

$$= 1500 \times 0.6499$$

$$= 974.85 （元）$$

（2） 昌盛公司债券的内在价值为：

$V_2 = \sum\limits_{t=1}^{n} \dfrac{F \times i}{(1 + K)^t} + \dfrac{F}{(1 + K)^n}$

$$= \sum_{t=1}^{5} \frac{1000 \times 12\%}{(1+9\%)^{t}} + \frac{1000}{(1+9\%)^{5}}$$

$$= 1\,000 \times 12\% \times (P/A, 9\%, 5) + 1\,000 \times (P/F, 9\%, 5)$$

$$= 120 \times 3.8897 + 1\,000 \times 0.6499$$

$$= 1116.66 （元）$$

由于 $V_1 = 974.85$ 元 <市场价格 1050 元，内在价值低于债券发行价格，不值得投资。而 $V_2 = 1116.66$ 元 >市场价格 1000 元，内在价值高于债券发行价格。所以，可以对昌盛公司的债券进行投资。

4. 解析：

由资本资产定价模型可以计算得到投资者要求的必要报酬率 Ks：

$$Ks = R_f + \beta \times (R_m - R_f)$$

$$= 6\% + 0.5 \times (10\% - 6\%)$$

$$= 8\%$$

（1）M 公司股票的内在价值为：

$$V_1 = \frac{D_0 (1+g)}{K-g}$$

$$= \frac{6 \times (1+5\%)}{8\% - 5\%}$$

$$= 210 （元）$$

（2）N 公司股票的内在价值为：

$$V_2 = \frac{D_0 (1+g)}{K-g}$$

$$= \frac{3 \times (1+4\%)}{8\% - 4\%}$$

$$= 78 （元）$$

由于 $V_1 = 210$ 元 >每股市价 35 元，$V_2 = 78$ 元 >每股市价 25 元，表明 M、N 两家公司股票的内在价值均大于股票每股市价。所以，M、N 两家公司的股票都值得购买投资，但投资 M 公司的股票能获得更高的收益。

## 三、案例分析

案例一参考答案：

（1）红杉风投能取得巨大成就的原因有哪些?

答：①红杉并不顺应舆论营造的流行趋势；②红杉相信"思维模式迁转"下的小

公司的机会。

(2) 如果想要成为风投公司投资的对象，需要具备哪些条件？

答：

①投资对象多为处于创业期的中小型企业，而且多为高新技术企业；

②投资期限至少在 3 ～ 5 年以上，投资方式一般为股权投资，通常占被投资企业 30% 左右的股权，而不要求控股权，也不需要任何担保或抵押；

③投资决策建立在高度专业化和程序化的基础之上；

④风险投资人一般积极参与被投资企业的经营管理，提供增值服务；

⑤由于投资目的是追求超额回报，当被投资企业增值后，风险投资人会通过上市、收购兼并或其他股权转让方式撤出资本，实现增值。

案例二提示：

(1) 选择行业，选择细分行业前三名，最终选择标的。

(2) 第一，海翔药业是出库导向型企业；第二，公司董事长兼总经理罗邦鹏与复星化工有良好的沟通；第三，持续的新产品开发计划；第四，领先行业地位。

(3) 投资海翔药业的成功绝不是偶然的，受到复星化工的投资定位、投资目标的选择、投资模式以及投资理念的影响。另外，还得益于他们前期详细的行业分析和对企业现况与未来的分析等。

# 第八章　成本费用管理

## 思考与练习题

### 一、预习要览

#### （一）关键概念

费用　　成本　　生产成本　　期间费用　　固定成本　　变动成本

成本预测　　高低点法　　回归直线法　　因素分析法　　成本决策

差量分析法　　利润率分析法　　成本计划　　弹性预算法　　固定预算法

成本分析　　成本控制　　成本考核

#### （二）重要公式

目标成本法：

单位产品目标成本＝单位产品售价－单位产品销售税金－单位产品目标利润

成本性态法：

总成本模型 $y = a + bx$

高低点法：

$$b = \frac{\text{产量最高期成本额} - \text{产量最低期成本额}}{\text{最高产量} - \text{最低产量}}$$

$a =$ 产量最高期成本额 $- b \times$ 最高产量

回归直线的联立方程式：

$$\begin{cases} \sum y = na + b\sum x \\ \sum xy = a\sum x + b\sum x^2 \end{cases}$$

### 二、练习题

#### （一）简答题

1. 费用按经济用途如何分类？这种分类有何作用？

2. 什么是目标成本？测定目标成本一般采用哪种方法？

3. 何谓成本预测的高低点法和回归直线法？

4. 什么是成本预测因素分析法？如何利用因素分析法测算计划期的产品成本水平？

5. 成本控制的基本程序是什么？

（二）计算分析题

1. 某企业计划年度生产 A、B 两种产品，每种产品的预计售价、销售税率、预计目标利润和预计产量等资料如下表所示：

表 8-1  单位：元

| 产品名称 | 预计单位产品 | | | 预计产量（件） |
| --- | --- | --- | --- | --- |
| | 售价 | 税率 | 目标利润 | |
| A 产品 | 5000 | 5% | 2200 | 9000 |
| B 产品 | 4600 | 6% | 2000 | 10 000 |

要求：

（1）计算计划年度各种产品目标成本；

（2）计算计划年度全部产品目标成本。

2. （1）某企业计划年度前 5 年 C 产品年产量及其总成本如下表所示：

表 8-2

| 年度 | 年产量（件） | 总成本（元） |
| --- | --- | --- |
| 2005 | 600 | 1800 |
| 2006 | 600 | 1700 |
| 2007 | 650 | 1850 |
| 2008 | 700 | 1950 |
| 2009 | 750 | 2100 |

（2）2010 年度预计生产 C 产品 800 件。

要求：试分别用高低点法和回归直线法预测计划年度总成本。

3. 某企业生产 D 产品，上年预计平均单位成本为 700 元，各成本项目的比重为：原材料 65%、生产工人工资 20%、管理费用 10%、废品损失 5%。根据计划期降低成本措施测算，影响成本变动的各主要因素如下：

原材料消耗定额降低　　　　　15%

原材料价格平均下降　　　　　3%

| | |
|---|---|
| 生产工人工资增加 | 6% |
| 劳动生产率提高 | 18% |
| 管理费用增加 | 5% |
| 可比产品生产增长 | 20% |
| 废品损失减少 | 7% |

根据上述资料，测算各项因素变动对成本降低率的影响，预测 D 产品计划期的成本水平。

## 三、案例分析

案例一：

根据丰田公司的定义，目标成本管理是从新产品的基本构想立案至生产开始阶段，为降低成本及确保利润而实行的各种管理活动。英文主要为 target costing 或 target cost management，翻译成中文为目标成本管理或成本企划。

目标成本管理起源于 20 世纪 60 年代初期丰田新产品开发和产品更新换代之际。第一次世界石油危机之后，由于日本汽车公司采用目标成本管理有效解决成本降低问题，以物美价廉的产品占领市场，成为市场竞争的胜利者。目标成本管理是日本汽车公司成本管理模式的核心和精华，以汽车工业为先导，目标成本管理在日本许多行业中得以推广、发展，日本丰田、日产、松下、日立、东芝、夏普、佳能、卡西欧等皆已采用目标成本管理，欧美通用汽车和福特也已导入目标成本管理。

目标成本管理体现的管理思想主要是：成本是管理决策的结果（Costs do not just happen, they are the results of management decisions）。对于汽车企业来说，成本控制不是始于生产，而是始于新产品策划设计阶段。

丰田公司目标成本管理的主要步骤是：

（1）在新产品规划中确定目标售价。

丰田汽车的全新改款通常每 4 年实施一次，目标成本管理于新型车上市前 3 年左右即正式展开，目标售价成为新型车开发提案中的主要内容之一。

每一车种设一负责新车开发的主任工程师，负责产品目标成本的达成，组成一跨职能的开发团队共同开展两年多的目标成本管理，团队成员包括来自设计、生产技术、采购、业务、主管、会计等部门的人员。

经由与业务部门充分讨论（考虑市场动向、竞争车种情况、新车型所增加新机能的价值等）后制定目标售价及预计销量，目标售价不仅要参考当时的汽车价格水平和竞争对手同类产品的价格，而且还要预测到新产品投放市场时市场上产品价格变化和竞争对手在价格上可能发生的变化。

（2）对照目标利润和估计成本，确定成本管理目标。

参考丰田公司长期的利润率目标来决定目标利润率，再将目标销售价格减去目标利润即得目标成本。透过累计法计算出估计成本，即在现有技术、管理水平下，不积极从事降低成本活动下会产生的成本。在开发新车时不可能全部都会变更，故为有效的估计成本，则以现有车型的成本加减变更部分的成本差额来予以算出目标成本与估计成本的差额为成本管理目标，即透过设计活动所需降低的成本目标值。

（3）运用不同分类方式将成本管理目标分配到设计部门和零部件。

将成本管理目标细分，按车子的构造、机能分别分配给负责设计的各个设计部。设计部为便于掌握目标达成活动及达成情况，将成本管理目标更进一步地按零件别予以细分。除按功能类别分类外，还按成本类别（材料费、购买零件费、制造费用等）区分成本。

并不是各设计部一律均降低多少百分比，而是由主任工程师根据以往的实绩、经验及合理根据等，与各设计部进行数次协调讨论后才予以决定。

负责目标成本管理的人员都是有着丰富实践经验的专家，他们从事成本管理之前，通常要在设计、工程、采购、生产、销售等部门工作，具备丰富的一线工作经验。

（4）产品设计和 VE 活动中落实成本目标达成。

成本企划目标细分至各设计部后，各设计部即开始从事设计及 VE（Value Engineering，即价值工程学，是指通过分析调查产品的机能与价格，用最少的成本支出达到最合适的产品功能的产品开发的科学方法）活动。对设计部门来说，其目标不仅是要设计出符合顾客需求并具有良好品质及机能的产品，且同时必须达成其成本目标。至于中间过程是要通过降低多少材料费、加工费等来达成目标，则由各设计部视其创意工作而定。设计部门根据零件目标成本及其他相关部门提供的资讯制成试作图，再根据试作图实际试作。

丰田与成本管理有关的课程，主要有财务部内的成本管理课及技术部内的成本企划课。前者为制定目标利润、估计自制零件的价格，是负责全面财务预算控制的部门；后者则是负责成本预估、确认设计部门目标达成活动的情形，是负责 VE 活动的部门。成本企划课针对试作出的车子估计其成本，若估计出的成本与目标成本间仍有差距，未达到目标成本，则各部门协力实施 VE 检讨，依照检讨结果对试作图加以修正；再根据试作图实际试作、估计其成本、未达成的目标成本则再实施 VE、修改试作图。（通常反复 3 次）

（5）生产准备及进入量产执行目标成本和制定新基准成本。

进入生产准备阶段，采购部门开始进行外购零件的价格交涉，并根据正式图进行最终试作，成本企划课执行最后成本估计以确认已达成的目标成本。目标成本确认达成，产品方能进入量产。约进入量产阶段 3 个月后，检视目标成本的实际达成状况，进行成本企划实绩的评估。至此，新车型的成本管理活动正式结束。

达成的目标成本是制造阶段的基准成本的基础，达成的目标成本成为估计下一代新车型成本的起点。

（资料来源：http：//msndata. news. hexun. com/2568056. shtml.）

通过本案例的分析，你认为丰田公司的目标成本管理模式有何值得借鉴之处？

案例二：

### 邯郸钢铁公司的目标成本管理模式

美国《幸福》杂志曾刊登了一篇题为"锋利的日本秘密武器"的文章："这是一种独一无二的成本管理体系，它有效地引导和促使企业的设计人员以尽可能低的成本设计产品，帮助企业削减成本，并以低成本和相当大的自由空间使得产品能快速地占据市场，击败西方业者的竞争。"这种秘密武器就是目前正在成为主导全球成本管理思潮的成本企划或目标成本管理体系。成本企划或目标成本管理源自日本丰田汽车公司，被誉为丰田模式。无独有偶，也有一家中国制造企业因实施目标成本管理而卓有成效、闻名全国，这就是邯郸钢铁公司。邯郸钢铁公司的目标成本管理，被誉为邯钢经验。

邯郸钢铁公司（以下简称邯钢）的前身是河北邯郸钢铁总厂。该厂始建于 1958 年。1990 年，邯钢与其他钢铁企业一样，面临内部成本上升、外部市场疲软的双重压力，经济效益大面积滑坡。当时生产的 28 个品种有 26 个亏损。虽然总厂亏损已经到了难以为继的状况，可是各个分厂报表中的所有产品却都是盈利，因此工人和干部的工资奖金照发，一点也感受不到市场的压力和总厂亏损的困难。造成这种现象的主要原因是当时该厂采用的是"计划价格"来进行厂内核算的，这个价格严重背离了市场。依据这个价格进行的核算反映不出产品的实际成本和真实效率，自然也就失去了它的价值。从 1991 年开始，该厂开始推行以"模拟市场核算，实行成本否决"为核心的内部改革。在企业内部，原材料、辅助材料、燃料、耐火材料、产成品、半成品等的计划价格一律按市场价格核算，改变过去从前向后逐道工序核定成本的传统做法。从产品在市场上被消费者接受的价格开始，从后向前测算出逐道工序的目标成本，然后层层分解落实到每一个员工，全厂最终形成一个目标成本网络体系。加大了企业技术改造力度，强化了企业内部管理，使企业的经济效益大幅度提高，市场竞争力大大增强。

邯钢的目标成本管理的具体做法是：

（1）以市场可以接受的产品价格为基础，考虑国内先进水平、本单位历史最好水平和可以挖掘的潜力，提出目标利润；然后，据此倒算出企业必须控制的成本，也即是目标成本。目标成本 = 该产品的市场价格 - 目标利润 - 总厂应摊的管理费。

（2）将相应的目标成本和目标利润在全公司的范围内层层分解到分厂、车间、工段、班组直到个人，以此作为各级的工作目标和公司对各级进行考核奖惩的依据。

（3）实行"成本否决"的奖惩制度，即完不成成本指标，别的工作干得再好，也要否决全部奖金，以成本和效益作为分配和对干部业绩进行考评的标准。在这一过程中，他们首先肯定了一点：企业目标成本的控制管理要靠全体员工的努力，降低成本是企业上至厂长、下至每一个员工的共同目标，每个人都要分担成本指标或成本费用指标，实行全员、全过程的成本管理；在确定成本标准时，他们反复进行测算，确定合理、先进的单位目标成本，本着"亏损产品不亏损，盈利产品多盈利"的原则，核定出全厂53个主要产品品种、规格的内部成本和内部利润；为了把成本指标落实到实处，公司将1万多个综合指标分解到二级厂和处室，然后他们再细化成10万个小指标，层层分解落实到有关科室、工段、班组和员工个人，层层签订承包协议，使每个员工的工作都与市场挂钩，真正形成了"市场重担众人挑，人人肩上有指标"的责任体系。

为了保证目标成本管理的实施，邯钢还对公司的管理体制进行了改革。一是精简机构。1990—1995年，总厂和分厂的管理科室从503减少到389个，管理人员占职工人数的比重从14%下降到12%；二是充实和加强财务、销售、计划、外经、预决算、审计等管理部门，进一步强化和理顺了管理职能；三是实现"卡两头、抓中间"的管理方法。卡两头就是：一头是严格控制进厂原料、燃料的价格、质量；另一头是把住产品的销售关，建立集体定价制度，确定最低销售价格。抓中间就是抓工序环节的管理，狠抓生产过程中的"跑、冒、漏、滴"。通过推行和不断完善市场核算机制，邯钢取得了显著的经济效益和社会效益。1990—1998年，邯钢产量由110万吨增加到344万吨，实现销售收入由10.2亿元提高到80.1亿元（含税），实现利税由2.1亿元增加到10亿元，其中利润由100万元增加到7亿元，走出了一条主要靠内涵挖潜、内部积累，实现国有资产迅速增值的良性发展道路。邯钢还为国有企业树立了光辉的榜样。

（资料来源：http：//www. qihang. com. cn/v2/item/19427. aspx）

思考题：

（1）邯郸钢铁公司制定成本目标的主要因素是什么？

（2）邯郸钢铁公司降低成本的途径主要体现在哪些方面？

（3）结合你对邯钢经验的理解，概括邯郸钢铁公司实现目标成本管理模式的基本思想？

# 参考答案

## 二、练习题

（一）练习题

1. 费用按经济用途如何分类？这种分类有何作用？

答：费用按照经济用途分类，可以分为生产成本和期间费用两大类。其中，生产成本包括直接材料、直接人工和制造费用；期间费用包括管理费用、销售费用和财务费用。

成本按照经济用途分类，有助于监督和考核各项费用消耗定额或成本计划的执行情况，分析费用支出是否合理、节约，同时也是企业进行成本核算的基础。

2. 什么是目标成本？测定目标成本一般采用哪种方法？

答：目标成本一般是指在开发新产品和改进老产品过程中，在产品设计以前根据预测的售价扣除销售税金和目标利润后要求设计的产品成本应达到的水平。

测定目标成本一般采用倒挤法。倒挤法是指根据产品价格、成本和利润三者之间的相互关系来确定产品目标成本，即在预计售价、法定税率和所要求达到的利润率水平下倒挤出目标成本。

3. 何谓成本预测的高低点法和回归直线法？

答：高低点法是指根据历史成本资料中产量最高成本及产量最低成本以及相应的产量，推算单位产品的增量成本，以此作为单位变动成本，然后根据总成本和单位变动成本来确定固定成本的一种成本估计方法。

回归直线法也称一元回归分析法，是指根据一系列历史成本资料，用数学上的最小二乘法原理算出最能代表业务量与总成本关系的回归直线，借以确定总成本中的固定成本和单位变动成本，进而进行成本预测的方法。

4. 什么是成本预测的因素分析法？如何利用因素分析法测算计划期的产品成本水平？

答：因素分析法是指在上年成本水平基础上，分析研究计划期影响产品成本降低的主要因素和企业可能采取的管理措施，测算计划期各因素变动对成本的影响程度，从而预测未来成本的方法。

利用因素分析法测算计划期产品成本水平主要包括以下三个步骤：①计算上年预计平均单位成本；②测算各项主要因素变动影响的成本降低程度；③综合测算成本降

低率。

5. 成本控制的基本程序是什么？

答：成本控制的基本程序主要应遵循以下三个步骤：制定标准、执行标准、检查考评。以上三个步骤相互联系，循环往复，构成成本控制循环。每一次循环，成本控制标准都应有所改变，成本控制手段也应更加科学。

（二）计算分析题

1. 解析：

（1）计算计划年度各种产品目标成本：

A 产品单位目标成本 $= 5000 \times (1 - 5\%) - 2200$

$\qquad = 2550$（元/件）

B 产品单位目标成本 $= 4600 \times (1 - 6\%) - 2000$

$\qquad = 2324$（元/件）

（2）计算计划年度全部产品目标成本：

全部产品目标成本 $= 9000 \times 2550 + 10\,000 \times 2324$

$\qquad = 46\,190\,000$（元）

2. 解析：

（1）高低点法：

$$b = \frac{2100 - 1700}{750 - 600}$$

$\quad = 2.67$（元/件）

$a = 2100 - 2.67 \times 750$

$\quad = 97.5$（元）

据此可建立具体的成本预测模型：

$y = 97.5 + 2.67x$

如果 2010 年计划生产 C 产品 800 件，则 2010 年的有关预测数据计算如下：

C 产品总成本预测值 $= 97.5 + 2.67x$

$\qquad = 97.5 + 2.67 \times 800$

$\qquad = 2\,233.5$（元）

（2）回归直线法：

| 年度 n | 产量（件）$x_i$ | 总成本（元）$y_i$ | $x_i \cdot y_i$ | $x_i^2$ |
|---|---|---|---|---|
| 2005 | 600 | 1800 | 1\,080\,000 | 360\,000 |

表(续)

| 年度<br>n | 产量（件）<br>$x_i$ | 总成本（元）<br>$y_i$ | $x_i \cdot y_i$ | $x_i^2$ |
|---|---|---|---|---|
| 2006 | 600 | 1700 | 1 020 000 | 360 000 |
| 2007 | 650 | 1850 | 1 202 500 | 422 500 |
| 2008 | 700 | 1950 | 1 365 000 | 490 000 |
| 2009 | 750 | 2100 | 1 575 000 | 562 500 |
| ∑ | 3300 | 9400 | 6 242 500 | 2 195 000 |

计算 b 值和 a 值如下：

$$b = \frac{n \sum xy - \sum x \sum y}{n \sum x^2 - (\sum x)^2}$$

$$= \frac{5 \times 6\ 242\ 500 - 3300 \times 9400}{5 \times 2\ 195\ 000 - 3300^2}$$

$$= 2.26 \ （元/件）$$

$$a = \frac{\sum y - b \sum x}{n}$$

$$= \frac{9400 - 2.26 \times 3300}{5}$$

$$= 388.4 \ （元）$$

将 a = 388.4，b = 2.26 代入方程式 y = a + bx，则有：

y = 388.4 + 2.26x

预测 2010 年生产 800 件 C 产品的总成本：

y = 388.4 + 2.26 × 800

  = 2196.4（元）

3. 解析：

（1）原材料消耗定额下降及平均价格上升影响的成本降低率。

成本降低率 = 65% × ［1 - （1 - 15%）（1 - 3%）］

          = 11.41%

（2）劳动生产率提高超过平均工资增长影响的成本降低率。

成本降低率 = 20% × $\left( 1 - \dfrac{1 + 6\%}{1 + 18\%} \right)$

          = 2.03%

（3）生产增长超过管理费用增加影响的成本降低率。

$$成本降低率 = 10\% \times \left(1 - \frac{1+5\%}{1+20\%}\right)$$

$$= 1.25\%$$

（4）废品损失减少影响的成本降低率。

$$成本降低率 = 5\% \times 7\%$$

$$= 0.35\%$$

（5）综合以上计算结果，就可以求得 D 产品的成本综合降低率。

$$预计 D 产品成本综合降低率 = 11.41\% + 2.03\% + 1.25\% + 0.35\%$$

$$= 15.04\%$$

$$预计 D 产品单位成本 = 700 \times (1 - 15.04\%)$$

$$= 594.72（元）$$

## 三、案例分析

案例一提示：

（1）达成的目标成本是制造阶段的基准成本的基础；

（2）目标成本管理模式的重要性。

案例二提示：

（1）首要的是社会安定因素及政治因素。另外，邯郸钢铁公司从如何保证员工工资刚性启动，以求形成员工与企业的利益共同体，帮助企业渡过难关，抗御市场风险。至于后来形成颇具特色的低成本战略，则属于"无意插柳"。这也许正是一项卓有成效的改革制度，往往首先在那些"没有退路"的企业或单位取得成功的原因。

（2）邯郸钢铁公司降低成本的主要途径是：①不断比较，不断树标杆；②"限平增畅停滞"；即限制平销产品，增加畅销产品，停产滞销产品。③加强技术更新改造，提高项目投资效益；④模拟市场，成本否决。

（3）邯钢经验的基本思想主要体现为：①模拟市场核算；②实行成本否决；③技术改造上利用限额设计的思想；④塑造成本管理文化。

# 第九章　营业收入管理

## 思考与练习题

### 一、预习要览

#### （一）关键概念

心理定价策略　　折让定价策略　　渗透定价策略　　浮动定价策略

成本加成定价法　　边际成本定价法　　意见汇集法　　德尔菲法

因果分析法　　趋势分析法　　量本利分析法　　目标利润销售量

保本利润销售量　　销货合同的履行率　　拒付商品率　　波士顿矩阵法

#### （二）重要公式

工业企业出厂价 = 产品销售成本 + 销售税费 + 销售利润

商业企业批发价 = 工业企业出厂价 + 商品流通费用 + 销售税费 + 批发商业利润

商业零售价格 = 商业企业批发价 + 商品流通费 + 销售税费 + 零售商业利润

$$商品价格 = \frac{单位销售成本 \times （1 + 销售成本利润率）}{1 - 适用税税率}$$

$$保本点销售价格 = \frac{销售单位成本}{1 - 适用税税率}$$

$$边际销售价格 = \frac{单位变动成本 + 单位边际利润}{1 - 适用税税率}$$

$$目标利润销售量 = \frac{销售固定成本总额 + 目标利润}{销售单价 - 销售单位税金 - 销售单位变动成本}$$

$$保本点销售量 = \frac{销售固定成本总额}{销售单价 - 销售单位税金 - 销售单位变动成本}$$

计划期产品销售收入 = $\sum$（某种产品计划销售量 × 单位产品销售价格）

$$销货合同的履行率 = \frac{已实现销货合同金额（或份数）}{计划应履行销售合同金额（或份额）} \times 100\%$$

$$商品销售收入计划完成率 = \frac{实际商品销售收入}{计划商品销售收入} \times 100\%$$

$$商品销售量计划完成率 = \frac{\sum（实际销售量 \times 计划单价）}{\sum（计划销售量 \times 计划单价）} \times 100\%$$

$$商品销售增长率 = \left(\frac{本期实际商品销售收入}{上期实际商品销售收入} - 1\right) \times 100\%$$

$$拒付商品率 = \frac{拒付商品总额}{发出商品总额} \times 100\%$$

$$某产品的市场占有率 = \frac{该企业某一产品的销售量（额）}{市场上该类产品的销售量（额）} \times 100\%$$

$$市场增长率 = \frac{比较期市场销售额 - 基期市场销售额}{基期市场销售额} \times 100\%$$

## 二、练习题

（一）简答题

1. 营业收入的内容包括哪些？

2. 营业收入管理的意义是什么？

3. 影响营业收入的因素有哪些？

4. 商品价格按其构成内容可以分为哪几类？

5. 影响商品价格的因素有哪些？

6. 常用的商品定价策略主要有哪些方法？

7. 常用的商品价格定价方法一般有哪几种？

8. 什么叫定性预测法？什么叫定量预测法？在营业收入中，常用的定性预测法和定量预测法主要有哪几种？

9. 如何编制销售计划？

10. 营业收入的控制内容一般包括哪些方面？

11. 什么是营业收入的考核和分析？其主要分析和考核的内容有哪些？

（二）单项选择题

1. 企业为了鼓励购买者多买而在价格上给予一定折扣是（　　）。

　　A. 商业折扣　　　　B. 价格折让　　　　C. 现金折扣　　　　D. 销售退回

2. 出租固定资产，无形资产的收入属于（　　）。

　　A. 主营业务收入　　　　　　　　B. 其他业务收入

　　C. 投资收益　　　　　　　　　　D. 营业外收入

3. 工业企业的产品销售收入、商品流通企业的商品销售收入属于（　　）。

7. 认真做好销售服务，及时反馈市场信息是做好营业收入的重要控制内容。

（　　）

8. 销售收入计划完成率是销售收入考核的基本指标。（　　）

9. 拒付商品率越大，说明企业营销工作绩效越好。（　　）

10. 尾数定价策略是指在定价时把商品的价格调整为整数，不带尾数。

（五）计算分析题

1. 某企业生产的 A 产品，已知其单位销售成本为 150 元，估计的销售成本利润率为 15%，适用的税率为 20%。求 A 产品的价格。

2. 某公司预测 6～11 月份 A 产品的实际销售收入分别为 185 万元、215 万元、200 万元、245 万元、230 万元、260 万元。

要求：

（1）按简单平均法预测 12 月份的销售收入。

（2）按加权算术平均法预测 12 月份的销售收入，依次用自然数作为各期的权数（如 6 月份为 1，其余类推）。

3. 某企业正在开发一种新产品。经过相关调查发现，该产品的销售价格为 60 元，变动成本为 35 元，固定成本为 1 200 000 元，销售单位税金为 5 元。

要求：

（1）采用量本利分析法测算该企业的保本点销售量和销售额。

（2）若目标利润为 45 000 元时的销售量和销售额。

4. 某企业主要生产甲、乙、丙和丁四种产品，预测 2010 年全年的销售数量总额为 4000 件，其中甲产品 800 件、乙产品 1200 件、丙产品 1500 件、丁产品 500 件。根据预测分析，市场上甲产品的销售单价为 80 元，乙产品的销售单价为 120 元，丙产品的销售单价为 100 元，丁产品的销售单价为 150 元。

要求：根据上述资料编制该企业全年的销售计划。

## 三、案例分析

案例一：

### 越贵越畅销的绿宝石

美国亚利桑那一家珠宝店采购到一批漂亮的绿宝石。此次采购数量很大，老板很担心在短期内销售不出去，影响到企业资金的周转，便决定按通常惯用的手法，减价销售，以达到薄利多销的目的。但事与愿违，原本以为会一抢而空的绿宝石，好几天过去了，购买者却寥寥无几。老板谜团重重，是不是价格定得高了呢，是否应该再降低一些呢？

就在这时，外地有一笔生意急需老板前往洽谈，已来不及仔细研究那批绿宝石应该降低多少价格了。老板临行前只好匆匆地写了一张纸条给店员："我走后，绿宝石如果仍然销售不畅，可按1/2的价格卖掉。"由于着急，关键的字体1/2没有写清楚，店员将其读成了"1~2倍的价格"。

店员们于是将绿宝石的价格先提高一倍，没有想到购买者竟越来越多；又将价格提高了一倍，结果大出所料，绿宝石在几天之内便被一抢而空。老板从外地回来，绿宝石销售一空，一问价格，不由得大吃一惊。当知道原委后，店员、老板同时开怀大笑，这可真是歪打正着了。

（资料来源：http://www.doc88.com/p-74383851748.html）

思考题：

（1）老板最初为什么采用薄利多销的手法？

（2）绿宝石价格越贵，为什么越畅销？这其中反映了消费者什么心理？

案例二：

## 美国老牌啤酒－米勒营销案

### 米勒公司的概述

米勒酿酒公司（Miller Brewing Company）由弗雷德里克·米勒（Frederick Miller）于1855年成立。1969年，该公司被烟草业巨头菲利普·莫里斯公司（Phillip Morris，PM）收购。PM公司收购米勒啤酒之后，在营销战略上做了根本性的调整，决心创造啤酒中的"万宝路"。那时美国的啤酒业，是寡头竞争的市场。市场领导者安修索·布什公司（AB）的主要品牌是"百威"和"麦可龙"，市场份额约占25%。佩斯特蓝带公司处于市场挑战者的地位，市场份额占15%。米勒啤酒公司排在第八位，份额仅占6%。

### 公司的品牌营销策略过程

在作出营销决策以前，米勒公司进行了认真的市场调查。他们发现，若按使用率对啤酒市场进行细分，啤酒饮用者可细分为轻度使用者和重度使用者两类。轻度使用者人数虽多，但其总的饮用量却只有重度使用者的1/8。

他们还发现，重度使用者有着下列特征：多是蓝领阶层；年龄多在30岁左右；每天看电视3.5小时以上；爱好体育运动。米勒公司决定把目标市场定在重度使用者身上，并果断地决定对米勒的"海雷夫"牌啤酒进行重新定位。这种啤酒很受妇女和社会中的高收入者欢迎，但这些人多是些轻度使用者。米勒决定把"海雷夫"牌啤酒献给那些"真正爱喝啤酒的人"。

重新定位从广告开始，他们考虑到目标顾客的心理、职业、年龄、习惯等特征，在广告信息、媒体选择、广告目标方面做了很多变化。他们首先在电视台特约了一个"米勒天地"栏目，广告主题变成了"你有多少时间，我们就有多少啤酒"来吸引那些"啤酒坛子"。为了配合广告攻势，米勒又推出了一种容量较小的瓶装"海雷夫"，这种小瓶装啤酒正好能盛满一杯，夏天顾客喝这种啤酒时不用担心剩余的啤酒会变热。这种小瓶子的啤酒还很好地满足了那部分轻度使用者，尤其是妇女和老人，他们啜完一杯，不多不少，正好。"海雷夫"的重新定位战略当然非常成功。到了1978年，这种牌子的啤酒年销量达2000万箱，仅次于AB公司的百威啤酒，名列第二。

"海雷夫"的成功，鼓舞了米勒公司，他们决定乘胜追击进入另一个细分市场——低热度啤酒市场。进入20世纪70年代，美国各地的"保护健康运动"方兴未艾，米勒注意到对节食很敏感的顾客群在不断扩大，即使那些很爱喝啤酒的人也在关心喝啤酒会使人发胖的问题。米勒公司看好这一市场，他们花了一年多的时间来寻找一个新的配方，这种配方能使啤酒的热量降低，但其口感和酒精度与一般啤酒无异。1973年，米勒公司的低热啤酒——"莱特"牌啤酒终于问世。

对"莱特"牌啤酒的推出，米勒公司可谓小心翼翼。他们找来一家著名的广告商来为"莱特"牌啤酒设计包装，对设计提出了4条要求：①瓶子应给人一种高质量的印象；②要有男子气；③销售点一定能夺人眼目；④要能使人联想起啤酒的好口味。为了打好这一仗，他们还慎重地选择了4个城市进行试销，这4个地方的竞争环境、价格、口味偏好都不相同。广告攻势自然也很猛烈，电视、电台和整版报纸广告一起上，对目标顾客进行轮番轰炸。试销的效果的确不错，不但销售额在增加，而且顾客重复购买率很高。

到了1975年，米勒公司才开始全面出击，广告攻势在美国各地展开，当年广告费总额达1100美元（仅"莱特"一项）。公众对"莱特"啤酒的反应之强烈，就连米勒公司也感到意外。各地的"莱特"啤酒供不应求，米勒公司不得不扩大生产规模。起初，许多啤酒商批评米勒公司"十分不慎重地进入了一个根本不存在的市场"，但米勒公司的成功很快堵上了他们的嘴巴，他们也匆匆忙忙地挤进这一市场。不过，此时米勒公司已在这个细分市场上稳稳地坐了第一把金交椅。"莱特"啤酒的市场成长率一直很快。1975年销量是200万箱，1976年便达500万箱，1979年更达到1000多万箱。1980年，这个牌号的啤酒销量列在"百威"、"海雷夫"之后，名列第三位，超过了老牌的"蓝带"啤酒。

1974年年底，米勒公司又向AB公司盈利最多的产品——"麦可龙"牌发起了挑战。"麦可龙"是AB公司啤酒中质量最高、价格最贵、市场成长率最快的产品，AB公司依靠它一直稳稳地占领着高档啤酒之一细分市场。米勒公司岂肯放过，不过这次米勒公司却没有强攻而是用了一招漂亮的"移花接木"之术。它购买了在美国很受欢迎的德国高档啤酒"老温伯"的特许品牌，开始在国内生产。米勒把"老温伯"的价格定得更高，广告中一群西装笔挺、气概不凡的雅皮士举杯同饮，说道："今晚，来喝老温伯。"很快，"麦可龙"在这一市场中的领导地位也开始动摇。

在整个 20 世纪 70 年代，米勒公司的营销取得巨大的成功。到 1980 年，米勒公司公司的市场份额已达 21.1%，总销售收入达到 26 亿美元。米勒啤酒被称为"世纪口味"。

（资料来源：http：//baike. baidu. com/view/1711474. htm. 有删改）

思考题：

（1）米勒啤酒公司的市场细分标准及市场细分策略是什么？

（2）该公司主要占领了哪些细分市场？

（3）为了占领这些市场他们采取了哪些策略？

（4）米勒啤酒公司的成功经验是什么？

# 参考答案

## 一、练习题

### （一）简答题

1. 营业收入的内容包括哪些？

答：营业收入是指企业在日常的生产经营过程中，对外销售商品或提供劳务等取得的各项收入。按照企业从事日常活动在企业的重要性，可以将营业收入分为主营业务收入和其他业务收入等。

2. 营业收入管理的意义是什么？

答：营业收入管理是企业财务管理中的一项重要内容，它关系到企业的生存和发展。营业收入管理的意义有：

（1）营业收入是实现企业生产目的的基本条件；

（2）营业收入是企业的主要经营成果，是企业取得利润的重要保障；

（3）营业收入是补偿生产耗费的资金来源；

（4）营业收入是企业现金流入量的重要组成部分；

（5）营业收入是反映企业资金利用效益的重要标志。

3. 影响营业收入的因素有哪些？

答：影响营业收入的因素主要有：

（1）价格与销售量；

（2）销售退回或折让；

（3）销售折扣。

4. 商品价格按其构成内容可以分为哪几类？

答：商品价格按其构成内容可以分为：

（1）产品销售成本；

（2）销售税费；

（3）销售利润组成。

5. 影响商品价格的因素有哪些？

答：影响商品价格的因素有：

（1）商品价值因素；

（2）市场供求因素；

（3）政府经济政策因素；

（4）社会货币流通量因素；

（5）消费者心理和习惯因素。

6. 常用的商品定价策略主要有哪些方法？

答：常用的商品定价策略主要有：

（1）心理定价策略，主要有尾数定价策略、整数定价策略、分级定价策略、声望定价策略。

（2）折让定价策略，主要有批量折扣、季节折扣、内部折扣和现款折扣等。

（3）渗透定价策略。

（4）浮动定价策略。

7. 常用的商品定价策略方法主要有哪些方法？

答：常用的商品价格定价方法一般有成本加成定价法和边际成本定价法。

8. 什么叫定性预测法？什么叫定量预测法？在营业收入中，常用的定性预测法和定量预测法主要有哪几种？

答：（1）定性预测是利用已收集的资料，依靠财务人员的经验和吸收各方面的意见进行分析，作出定性的判断。

（2）定量预测是利用历史和现实的资料，运用数学方法建立经济模型，对未来财务发展趋势作出量化的预测。

（3）在营业收入中，常用的定性预测法主要有专家判断分析法。专家判断分析法有很多种，常用的方法主要有以下两种：意见汇集法和德尔菲法。而定量预测法主要有因果分析法、趋势分析法和量本利分析法。

9. 如何编制销售计划？

答：产品销售计划的编制主要是通过预测的销售量计算出其销售收入。其计算公式为：计划期产品销售收入 = ∑（某种产品计划销售量×单位产品销售价格）。计划期内产品销售量一般是通过销售预测来确定的。在销售预测的基础上，结合企业现实的生产经营情况，就可以确定出计划期产品的销售量。而产品的销售价格一般以市场价格为依据。我国主要实行国家定价、指导价格和市场调节价三种价格。

10. 营业收入的控制内容一般包括哪些方面？

答：营业收入的控制主要是对销售收入的控制。控制的内容一般包括：

（1）认真签订和履行销售合同；

（2）及时办理结算，加快应收货款收回；

（3）认真做好销售服务，及时反馈市场信息。

11. 什么是营业收入的考核和分析？其主要分析和考核的内容有哪些？

答：营业收入的考核和分析，就是在报告期末，对营业收入计划的完成情况作出的分析和评价。其主要分析和考核的内容包括：

（1）销货合同完成情况的考核和分析；

（2）商品销售收入计划完成情况的考核和分析；

（3）拒付商品情况的考核和分析。

（二）单项选择题

1. A

解析：商业折扣是指企业为了鼓励购买者多买而在价格上给予一定折扣，即购买越多，价格越便宜。因此，答案选 A。

2. B

解析：其他业务收入也称非主营业务收入，是指企业主要经营业务以外的业务所带来的收入。例如，工业企业对外出售不需用的原材料、对外转让无形资产或技术使用权、固定资产出租、包装物出租等取得的收入。因此，答案选 B。

3. A

解析：主营业务收入也称基本业务收入，是指企业主要经营活动所取得的收入。如工业企业制造并销售产品，商业企业销售商品、保险公司签发保单、咨询公司提供咨询服务等。因此，答案选 A。

4. D

解析：现金折扣的条件假定缩写为"2/10，1/20，n/30"。其含义分别是：10 天内付款，可享受 2% 的折扣；在 11～20 天内付款，可享受 1% 的折扣；超过 20 天付款，则不享受折扣优惠，按原价付款；付款期最迟不得超过 30 天。因此，答案选 D。

5. A

解析：心理定价策略是根据消费者心理所使用的定价策略，是运用心理学的原理，依据不同类型的消费者在购买商品时的不同心理和不同需求来制定价格，以诱导消费者增加购买，扩大企业销售量的一种方法。因此，答案选 A。

6. D

解析：常用的定性预测法主要有专家判断分析法，而专家判断分析法有很多种，常用的方法之一有德尔菲法，又称专家意见法。因此，答案选 D。

7. C

解析：尾数定价策略是指在商品定价时，取尾数而不取整数的定价方法，使消费者购买时在心理上产生占了便宜的感觉。因此，答案选 C。

8. C

解析：折让定价策略是对商品的原价格有条件地打折扣，以鼓励客户购买或多购买企业商品，主要有批量折扣、季节折扣、内部折扣和现款折扣。因此，答案选 C。

9. B

解析：企业在高增长的市场内占有较高的市场份额，企业市场竞争力较强，且该类产品的发展前景比较好，企业利润增长情况好。该类产品为明星类产品。因此，答案选 B。

10. C

解析：拒付商品情况的考核和分析，一般采用拒付商品率作为评价的指标。其计算公式为：

$$拒付商品率 = \frac{拒付商品总额}{发出商品总额} \times 100\%$$

将数据代入该公式得：$拒付商品率 = \frac{2000 - 1800}{2000} \times 100\% = 10\%$。因此，答案选 C。

(三) 多项选择题

1. A、B

解析：销售折扣是指销售方依据购买方购货量的多少或支付货款的时间而给予购买方的一种价格折扣事项。销售折扣可以分为商业折扣和现金折扣。因此，答案选 A、B。

2. A、B、C

解析：按照企业从事日常活动在企业的重要性，可以将营业收入分为主营业务收入和其他业务收入等。主营业务收入也称基本业务收入，是指企业主要经营活动所取得的收入。如工业企业制造并销售产品、商业企业销售商品、保险公司签发保单、咨询公司提供咨询服务等。其他业务收入也称非主营业务收入，是指企业主要经营业务以外的业务所带来的收入。例如，工业企业对外出售不需用的原材料、对外转让无形资产或技术使用权、固定资产出租、包装物出租等取得的收入。因此，答案选 A、B、C。

3. A、B、C、D

解析：商品价格是影响营业收入的最主要因素，而影响商品价格的因素主要有：①商品价值因素；②市场供求因素；③政府经济政策因素；④社会货币流通量因素；⑤消费者心理和习惯因素。因此，答案选 A、B、C、D。

4. A、B、C、D

解析：常用的商品定价策略主要有：①心理定价策略；②折让定价策略；③渗透定价策略；④浮动定价策略。因此，答案选 A、B、C、D。

5. A、B

解析：商品定价目标是指企业通过确定商品价格水平，利用价格产生经济效用所能达到的预期目的。它是企业经营目标体系中的具体目标之一。常用的商品价格定价方法一般有成本加成定价法和边际成本定价法。因此，答案选 A、B。

6. A、B、C

解析：定量预测是利用历史和现实的资料，运用数学方法建立经济模型，对未来财务发展趋势作出量化的预测。定量预测法主要有因果分析法、趋势分析法和量本利分析法。因此，答案选 A、B、C。

7. A、B、C、D

解析：心理定价策略是根据消费者心理所使用的定价策略，具体包括尾数定价策略、整数定价策略、分级定价策略以及声望定价策略。因此，答案选 A、B、C、D。

8. A、B、C、D

解析：折让定价策略是对商品的原价格有条件地打折扣，以鼓励客户购买或多购买企业商品，主要有批量折扣、季节折扣、内部折扣和现款折扣等。因此，答案选 A、B、C、D。

9. A、B、C

解析：营业收入的考核和分析，就是在报告期末，对营业收入计划的完成情况作出的分析和评价。其主要分析和考核的内容有销货合同完成情况的考核和分析、商品销售收入计划完成情况的考核、分析和拒付商品情况的考核、分析。因此，答案选 A、B、C。

10. A、B、C

解析：一般来说，产品的生命周期可以分为成长阶段、成熟阶段和衰退阶段。因此，答案选 A、B、C。

（四）判断题

1. 错

解析：其他业务收入也称非主营业务收入，是指企业主要经营业务以外的业务所带来的收入。例如，工业企业对外出售不需用的原材料、对外转让无形资产或技术使用权、固定资产出租、包装物出租等取得的收入。

2. 对

解析：工业企业对外出售不需用的原材料、对外转让无形资产或技术使用权、固定资产出租、包装物出租等取得的收入，属于其他业务收入。

3. 错

解析：现金折扣又称销售折扣，是指为了鼓励购买者在一定期限内提前偿付货款而给购买者一定折扣优惠的政策。

4. 对

解析：德尔菲法又名专家意见法，是属于专家判断分析法的其中一种。

5. 错

解析：常用的定性预测法主要有专家判断分析法，它是一种常用的定性分析方法。

6. 错

解析：成本加成定价法是指根据商品单位销售成本、成本利润率和流转税率来确定销售价格的基本方法。

7. 对

解析：营业收入的控制主要是对销售收入的控制。控制中包括有认真做好销售服务，及时反馈市场信息这方面的内容。

8. 对

解析：销售收入计划完成率是销售收入考核的基本指标。

9. 错

解析：拒付商品率越大，说明企业营销工作绩效越差；反之，拒付商品商品率越小，说明企业营销工作绩效越好。

10. 错

解析：尾数定价策略是指在商品定价时，取尾数而不取整数的定价方法，使消费者购买时在心理上产生占了便宜的感觉。

（五）计算分析题

1. 解析：

成本加成定价法是指根据商品单位销售成本、成本利润率和流转税率来确定销售价格的一种基本方法。其计算公式为：

$$商品价格 = \frac{单位销售成本 \times (1 + 销售成本利润率)}{1 - 适用税税率}$$

将数据代入上述公式得：

$$A 产品的边际销售价格 = \frac{150 \times (1 + 15\%)}{1 - 20\%} = 215.63 （元）$$

2. 解析：

（1）简单平均法是指根据企业过去若干经营时期实际销售量求出算术平均值作为未来销售量预测值的一种方法。其计算公式为：

$$y = \frac{x_1 + x_2 + \cdots + x_n}{n}$$

将 6~11 月份数据代入公式得：

$$y = \frac{185 + 215 + 200 + 245 + 230 + 260}{6} = 222.5 （万元）$$

因此，A 产品 12 月份的销售预测收入为 222.5 万元。

（2）加权算术平均法是指根据企业不同时期实际销售额对销售额预测值的影响程度（权数）不同，计算其平均值作为销售预测值的一种方法。依题意，有关计算结果列于下表：

| 年份 | y | x | xy | $x^2$ |
|---|---|---|---|---|
| 2004 | 185 | 1 | 185 | 1 |
| 2005 | 215 | 2 | 430 | 4 |
| 2006 | 200 | 3 | 600 | 9 |
| 2007 | 245 | 4 | 980 | 16 |
| 2008 | 230 | 5 | 1150 | 25 |
| 2009 | 260 | 6 | 1560 | 36 |
| $n = 6$ | $\sum y = 1335$ | $\sum x = 21$ | $\sum xy = 4905$ | $\sum x^2 = 91$ |

$$b = \frac{n \sum xy - \sum x \cdot \sum y}{n \sum x^2 - (\sum x)^2} = \frac{6 \times 4905 - 21 \times 1335}{6 \times 91 - 21^2} = 13.29$$

$$a = \frac{\sum y - b \sum x}{n} = \frac{1335 - 13.29 \times 21}{6} = 175.99$$

所求直线趋势方程为：

$$y = 175.99 + 13.29x$$

该公司年 A 产品 12 月份的预测销售额为：

$y = 175.99 + 13.29 \times 7 = 269.02$ （万元）

3. 解析：

量本利分析法是指通过分析销售量（或销售收入）、销售成本和保本点或目标利润之间的变化关系，建立数学模型，进行各种预测的方法。依题意得：

（1）保本点销售量 $= \dfrac{1\,200\,000}{60 - 35 - 5} = 60\,000$ （件）

销售额 $= 60 \times 60\,000 = 360\,000$ （元）

（2）目标利润销售量 $= \dfrac{1\,200\,000 + 45\,000}{60 - 35 - 5} = 62\,250$ （件）

销售额 $= 60 \times 62\,250 = 3\,735\,000$ （元）

4. 解析：

产品销售计划的编制主要是通过预测的销售量计算出其销售收入。其计算公式为：

计划期产品销售收入 $= \sum$ （某种产品计划销售量 $\times$ 单位产品销售价格）

计划期内产品销售量一般是通过销售预测来确定的，在销售预测的基础上，结合企业现实的生产经营情况，就可以确定出计划期产品的销售量。而产品的销售价格一般以市场价格为依据。我国主要实行国家定价、指导价格和市场调节价三种价格。依题意得：

**某企业 2010 年产品销售计划**

| 产品 | 计划销售量（件） | 销售单价（元） | 销售收入（元） |
|---|---|---|---|
| 甲 | 800 | 80 | 64 000 |
| 乙 | 1200 | 120 | 144 000 |
| 丙 | 1500 | 100 | 150 000 |
| 丁 | 500 | 150 | 75 000 |
| 合计 | 4000 | | 433 000 |

## 三、案例分析

案例一提示：

（1）老板最初认为此次采购数量很大，担心绿宝石在短期内销售不出去，会影响到企业资金的周转问题，于是决定减价促销，以达到薄利多销的目的。

（2）绿宝石价格越贵越受欢迎，购买的人越多，这其中反映了消费者的两种心理：一种心理是认为商品价钱越高，更能突出自身的地位，或者认为商品越贵，用的人越少更能显示自己的特别；另外一种心理可能是认为便宜的商品没好的。

案例二提示：

（1）米勒啤酒公司在对啤酒市场进行细分时采用的细分标准分别是：使用量、购买者追求的利益以及消费者的收入、社会阶层。

"海雷夫"啤酒占领了啤酒重度饮用者市场和部分轻度饮用者市场。为了占领重度饮用者市场，公司首先认真做了市场调查。在此基础上进行市场细分，并决定对"海雷夫"啤酒重新进行市场定位，并且根据目标顾客群的特征成功地进行定位沟通。

（2）莱特啤酒了占据了爱喝啤酒又担心发胖的顾客构成的市场。公司在推出新产品时，非常谨慎。在试销的基础上，再把产品大批量投放市场，配合强大的广告攻势，使得产品大获全胜，在这个细分市场上抢占先机。

（3）"老温伯"抢占了高档啤酒市场。公司采用购买现有高档啤酒品牌特许使用权的方式进入高档啤酒市场。

（4）米勒公司的成功经验在于其认真进行市场调查，并在此基础上进行市场细分，发现市场机会，抓住市场机会。要把握市场机会，占领某一细分市场，必须采用整合营销策略，进行市场定位。

# 第十章　利润分配管理

## 思考与练习题

### 一、预习要览

#### （一）关键概念

利润分配　　股利理论　　股利剩余理论　　MM 理论　　"一鸟在手"理论

差别税收理论　　信号传递理论　　代理理论　　股利政策　　剩余股利政策

固定股利额政策　　固定股利支付率政策　　低正常股利加额外股利政策

股利宣告日　　股权登记日　　除息日　　股利发放日

#### （二）重要公式

营业利润＝营业收入－营业成本－营业税金及附加－销售费用－管理费用－财务
　　　　　费用－资产减值损失＋公允价值变动净收益＋投资净收益

利润总额＝营业利润＋营业外收入－营业外支出

净利润＝利润总额－所得税费用

目标利润总额＝基期实际销售利润×（1＋下年度销售额预计增长比率）

目标利润总额＝（上年度实际占用资金总额＋下年度计划投资额）×预计资金利润率

目标利润＝预计销售收入－销售税金－变动成本总额－固定成本总额

### 二、练习题

#### （一）简答题

1. 企业的利润是什么？利润的预测最常用的方法有哪些？

2. 一般来说，企业利润的组织实现主要包括哪几个方面？

3. 企业在利润分配过程中必须遵循哪几项原则？

4. 股利理论主要有哪些观点？

5. 影响股利政策的因素主要有哪些方面？企业股利分配有哪些政策可供选择？

6. 企业股利支付的方式一般包括哪几种？

7. 股票股利是什么？企业发放股票股利对股东和公司具有哪些重要意义？

（二）单项选择题

1. 当法定盈余公积金累计达到注册资金的（　　）时，公司可不再提取法定公积金。

    A. 25%　　　　　　B. 100%　　　　　　C. 50%　　　　　　D. 80%

2. 企业在（　　）情况下，才能向投资者分配利润。

    A. 存在年初累计亏损　　　　　　B. 提取公积金后所余税后利润

    C. 本年税后利润与上年相同　　　　D. 本年税后利润与计划相同

3. 上市公司按照剩余股利政策发放股利的好处是（　　）。

    A. 有利于投资者安排收入与支出　　B. 有利于公司合理安排资金结构

    C. 有利于公司稳定股票的市场价格　D. 有利于公司树立良好的形象

4. 公司采用固定股利政策发放的好处主要表现为（　　）。

    A. 降低资金成本　　　　　　B. 实现资本保全

    C. 提高支付能力　　　　　　D. 维持股价稳定

5. 公司以股票形式发放股利，可能带来的结果是（　　）。

    A. 引起公司资产减少　　　　B. 引起公司负债减少

    C. 引起股东权益内部结构的变化　D. 引起股东权益与负债同时变化

6. 主要考虑了未来投资机会的影响的股利分配政策是（　　）。

    A. 剩余股利政策　　　　　　B. 固定股利政策

    C. 固定股利支付率政策　　　D. 低正常股利加额外股利政策

7. 下列各项中，将会导致企业股本变动的股利形式有（　　）。

    A. 财产股利　　　B. 负债股利　　　C. 股票股利　　　D. 现金股利

8. 公司董事会将有权领取股利的股东资格登记截止日称为（　　）。

    A. 股利宣告日　　　　　　B. 股利支付日

    C. 股权登记日　　　　　　D. 除息日

9. 企业在进行收益分配时应当要体现"谁投资谁收益"、收益的大小与投资比例相适应的要求所体现的原则是（　　）。

    A. 依法分配原则　　　　　　B. 资本保全原则

    C. 兼顾各方面利益原则　　　D. 投资与收益对等原则

10. 下列各项中，（　　）可能会给公司造成较大的财务负担。

    A. 剩余股利政策　　　　　　B. 固定股利额政策

C. 固定股利支付率政策　　　　　　D. 低正常股利加额外股利政策

（三）多项选择题

1. 下列公司中，不适合采用固定股利政策的是（　　　）。

　　A. 收益显著增长的公司　　　　　B. 收益相对稳定的公司

　　C. 财务风险较高的公司　　　　　D. 投资机会较多的公司

2. 公司利润分配的项目可用于（　　　）部分。

　　A. 发放股利　　　　　　　　　　B. 提取任意盈余公积

　　C. 提取法定盈余公积　　　　　　D. 弥补亏损

3. 按照资本保全约束的要求，企业发放股利所需资金的来源包括（　　　）。

　　A. 当期利润　　　　B. 留存收益　　　　C. 原始投资　　　　D. 股本

4. 公司发放股票股利可能导致的结果有（　　　）。

　　A. 公司股东权益内部结构发生变化

　　B. 公司每股收益和每股市价上升

　　C. 公司所有者权益的总额发生变化

　　D. 公司股份发生变化

5. 采用现金股利形式的企业必须具备的条件有（　　　）。

　　A. 企业要有足够的现金

　　B. 企业要有足够的资本公积金

　　C. 企业要有足够的未指明用途的未分配利润

　　D. 企业要有足够的注册资金

6. 常用的相关比率预测方法主要有（　　　）。

　　A. 销售额增长比率法　　　　　　B. 资金利润率法

　　C. 本量利分析法　　　　　　　　D. 因素预测法

7. 利润预测的方法有很多，其中最常用的方法有（　　　）。

　　A. 相关比率分析法　　　　　　　B. 本量利分析法

　　C. 基期分析法　　　　　　　　　D. 因素预测法

8. 公司在制定利润分配政策时应考虑的因素有（　　　）。

　　A. 通货膨胀因素　　　　　　　　B. 股东因素

　　C. 法律因素　　　　　　　　　　D. 公司因素

（四）判断题

1. 在除息日之前，股利权从属于股票；从除息日开始，新购入股票的人不能分享本次已宣告发放的股利。

（　　　）

2. 采用固定股利支付率政策分配股利时，股利不受经营状况的影响，这有利于公司股票价格的稳定。 （　　）

3. 公司能用资本包括股本和资本公积发放股利。 （　　）

4. 财产股利的支付方式会导致公司资产的减少。 （　　）

5. 公司发放现金股利后会使资产负债率下降。 （　　）

6. 股利无关论认为公司股利政策不会对公司股票价格产生任何影响。 （　　）

7. 股利相关理论认为，股利发放多少直接影响股东对公司的态度，从而影响公司的股票价格。 （　　）

8. 企业的利润主要由营业利润、投资净收益和营业外收支净额构成。 （　　）

9. 公司以额外增发的股票来作为股利支付给股东的股利支付方式是财产股利。 （　　）

10. 依靠股利维持生活的股东，往往要求公司支付较低的股利。 （　　）

（五）计算分析题

1. 某公司 2008 年度实际销售利润为 100 万元，实际销售收入为 1000 万元。若计划销售额为 1500 万元，则 2009 年度公司的目标利润是多少？

2. 某公司上一年度实际占用资金总额为 200 万元，计划 2010 年度的投资额为 100 万元，预计资金利润率为 12%，则该企业的目标利润是多少？

3. 某公司 2009 年度甲产品的销售量为 50 000 件，销售单价为 20 元，该产品的单位变动成本为 12 元，固定成本为 80 000 元，该年度的利润总额为 320 000 元。经过对市场供需状况的调查分析，2010 年度甲产品的预计销售量为 55 000 件，销售单价为 19 元。据预测，企业由于改进了产品的设计，单位变动成本将降低至 10 元，但固定成本将增加到 90 000 元。

要求：采用因素预测法计算各因素变化对利润的影响。

4. 某公司根据销售预测，计划期间可实现产品销售收入 1000 万元，产品销售成本为 600 万元，产品销售费用为 10 万元，应上缴的销售税金及附加为 80 万元，其他销售收入预计为 200 万元，其他销售成本为 100 万元，公司对外投资预计可取得收益为 50 万元，投资损失为 8 万元，根据国家有关规定以及公司过去的情况预测营业外收入为 3 万元，营业外支出为 5 万元，计划期间的管理费用预计为 60 万元，财务费用预计为 20 万元。假设企业所得税税率按 25% 计算。

要求：根据上述有关资料数据，试编制公司计划期的利润计划。

### 三、案例分析

案例一：

#### "贵州茅台"股利分配

贵州茅台酒股份有限公司（以下简称贵州茅台），于1999年由中国贵州茅台酒厂有限责任公司联合中国食品发酵研究所等发起成立。公司主营贵州茅台酒系列产品的生产和销售，同时进行饮料、食品、包装材料的生产和销售，防伪技术开发，信息产业相关产品的研制开发。

"贵州茅台"自上市以来，采用的股利分配方式主要是现金股利和股票股利。这里，收集了"贵州茅台"上市以后2008年、2009年和2010年的股利分配方案，作为分析其股利政策的基本依据之一。

1. 2008年度的股利分配方案和配股方案

2009年3月25日，"贵州茅台"发布年报，其股利分配方案为：2008年度公司实现净利润3 799 480 558.51元。根据公司《章程》的有关规定，提取法定盈余公积金162 812 864.09元，以及根据公司2007年度股东大会决议实施利润分配方案，派发现金股利789 016 797.97元后，加上年初未分配利润5 077 020 374.58元，本次实际可供股东分配的利润为7 924 671 271.03元。根据公司实际状况和未来可持续协调发展的需求，2008年利润分配方案为：以2008年年末总股本94 380万股为基数，向全体股东每10股派发现金红利11.56元（含税）（税后派）10.404元，共计派发股利1 091 032 800元，剩余6 833 638 471.03元留待以后年度分配。

2. 2009年度股利分配方案

2010年6月24日，"贵州茅台"发布年报：2009年度公司实现净利润4 312 446 124.73元。根据公司《章程》的有关规定，提取法定盈余公积金584 532 317.68元，以及根据公司2008年度股东大会决议实施利润分配方案派发现金股利1 091 032 798.39元，加上年初未分配利润7 924 671 271.03元，本次实际可供股东分配的利润为10 561 552 279元。根据公司实际状况和未来可持续协调发展的需求，2009年利润分配方案为：以2009年年末本公司总股本94 380万股为基数，向本公司全体股东每10股派发现金红利11.85元（含税）（税后派）10.665元，共计派发股利1 118 403 000元，剩余9 443 149 279.69元留待以后年度分配。

3. 2010年度股利分配方案

2010年3月17日，"贵州茅台"发布年报，2010年度公司实现净利润5 051 194 218.26元。根据公司《章程》的有关规定，提取法定盈余公积591 088 042.07元，以及根据公司2009年度股东大会决议实施利润分配方案派发现金股利1 118 403 000.27元之后，加上年初未分配利润10 561 552 279.69元，本次实际可供股东分配的利润为13 903 255 455.61元。根据公司实际状况和未来可持续协调发展的需求，2010年的分配方案为：以2010年年末总股本94 380万股为基数，对公司全体股东每10股派送红股1股、每10股派发现金红利23元（含税）（税后派）20.5元，共分配利润2 265 120 000元，剩余11 638 135 455.61元留待以后年度分配。

（资料来源：根据中国证券网整理所得）

思考题：

你如何评价"贵州茅台"的股利分配政策？

## 苏宁电器股份有限公司

### 公司概况

苏宁电器1990年创立于江苏南京，是中国3C（家电、电脑、通讯）家电连锁零售企业的领先者，是国家商务部重点培育的"全国15家大型商业企业集团"之一。公司围绕市场需求，按照专业化、标准化的原则，苏宁电器将电器连锁店面划分为旗舰店、社区店、专业店、专门店4大类、18种形态。苏宁电器采取"租、建、购、并"四位一体、同步开发的模式，保持稳健、快速的发展态势。预计到2020年，网络规模将突破3000家，销售规模突破3500亿元。

### 历史分配政策及其原因

2007年，苏宁电器实现营业收入401.5亿元，同比增长53.5%；实现净利润14.7亿元，同比增长93.4%；实现每股收益1.02元。公司业绩高速增长。鉴于公司的持续外延扩张政策，公司无拟定的利润分配或资本公积金转增股本预案，力图于内生和外延的稳步增长。2007年3月30日，本公司2006年年度股东大会决议通过了以资本公积转增股本，向全体股东每10股转增10股，经此次转增后，股本总额由原来的720 752 000.00元变更为1 441 504 000.00元。

2008年，苏宁新进地级以上城市26个，新开连锁店210家，置换连锁店30家，净增加连锁店180家，其中旗舰店、中心店和区店分别新增30家、41家和109家。公司报告期内实现营业收入498.97亿元，利润总额29.5亿元，归属于上市公司股东净利润为21.7亿元，分别较上年增长24.27%、31.66%、48.09%。公司实现基本每股收益为0.74元，归属于上市公司股东的每股净资产2.93元，分别较上年增加45.1%以及下降3.21%。2008年公司经营活动产生的现金流量净额达到38.19亿元，较上年增长9.23%。

| 公告日期 | 2008－09－22 | 分红截止日期 | 2008－06－30 |
|---|---|---|---|
| 分红对象 | 全体股东 | 派息股本基数 | 1495504000股 |
| 每10股现金（含税） | 1.0000元 | 每10股现金（税后） | 0.9000元 |

表(续)

| 公告日期 | 2008 - 09 - 22 | 分红截止日期 | 2008 - 06 - 30 |
|---|---|---|---|
| 每 10 股送红股 | 0.0000 股 | 每 10 股转增股本 | 10.0000 股 |
| 股权登记日 | 2008 - 09 - 25 | 除权除息日 | 2008 - 09 - 26 |
| 最后交易日 | | 股息到账日 | 2008 - 09 - 26 |
| 红股上市日 | | 转增股本上市日 | 2008 - 09 - 26 |

2009 年度利润分配方案:以 2009 年年末公司总股本 4 664 141 244 股为基数,向全体股东每 10 股派发现金 0.5 元(含税),本次利润分配 233 207 000 元,利润分配后,剩余未分配利润 2 831 151 000 元转入下一年度;同时以资本公积金向全体股东每 10 股转增 5 股,转增后,公司资本公积金由 3 011 260 000 元减少为 679 189 000 元。

2010 年 1 月 25 日,苏宁电器的 B2C 网购平台"苏宁易购"正式上线。由此了解到,苏宁在 2010 年大规模建造自建店,对固定资产的投资大幅度增加,投资性现金支出为 56.63 亿元,同比 2009 年增加 198%。由于这种资本开支计划的庞大,并且其资本公积在 2009 年进行了一次分拆。与此同时,苏宁为了下一个十年规划,2010 年的股利分配方案仅按照净利润的 17% 派息。

| 公告日期 | 2010 - 04 - 09 | 分红截止日期 | 2009 - 12 - 31 |
|---|---|---|---|
| 分红对象 | 全体股东 | 派息股本基数 | 4664141244 股 |
| 每 10 股现金(含税) | 0.5000 元 | 每 10 股现金(税后) | 0.4500 元 |
| 每 10 股送红股 | 0.0000 股 | 每 10 股转增股本 | 5.0000 股 |
| 股权登记日 | 2010 - 04 - 15 | 除权除息日 | 2010 - 04 - 16 |
| 最后交易日 | | 股息到账日 | 2010 - 04 - 16 |
| 红股上市日 | | 转增股本上市日 | 2010 - 04 - 16 |

### 苏宁电器股利分配政策的启示

在 A 股市场上,没有哪家公司像苏宁电器那样如此频繁的"慷慨"配送。苏宁电器于 2004 年 7 月 21 日以 16.33 元的发行价上市,此后便拉开了用资本公积转增成倍扩大股本的大幕。苏宁电器不断地用资本公积转增的方式增加股本,转增后再利用"填权效应"复原股价,股本增加了,发行同样数量的新增股份所占股本总额的比例减小了,对控股股东和实际控制人股权的稀释作用就减弱了。上述循环可以概括为:"大比例转赠股本 - 再融资 - 大比例转赠股本 - 再融资。"如此大量的频繁转股,其实是为了再融资的时候尽量减少对控股股东控股权的稀释作用。

股利分配政策与公司投资,筹资方案是分不开,苏宁属于快速成长阶段,因此需要大量投资筹资。所以，利润分配倾向于保持较多的留存收益，资本公积转增股本以扩大公司股本规模。

（资料来源：http：//wenku.baidu.com/view/8332e55c804d2b160b4ec01b.html）

思考题：

（1）苏宁电器股份有限公司采用了什么股利分配政策？

（2）你如何评价苏宁电器股份有限公司的股利分配政策？

# 参考答案

## 二、练习题

（一）简答题

1. 企业的利润是什么？利润的预测最常用的方法有哪些？

答：利润是企业在一定时期生产经营活动所取得的财务成果，是企业生产经营活动的效益体现。测算计划期的目标利润数额是利润预测的核心步骤。利润预测的方法有很多，其中最常用的方法有以下几种：

（1）相关比率分析法。其常用的方法主要有销售额增长比率法、资金利润率法等。

（2）本量利分析法。

（3）因素预测法。

2. 一般来说，企业利润的组织实现主要包括哪几个方面？

一般来说，利润的组织实现主要包括以下几个方面：

（1）增加产品销售数量；

（2）优化产品生产与销售结构；

（3）控制产品成本，提高产品质量；

（4）加强新产品研究开发；

（5）充分利用企业的闲置资金进行对外投资；

（6）减少营业外支出。

3. 企业在利润分配过程中必须遵循哪几项原则？

答：为充分发挥利润分配的重要作用，企业在利润分配过程中必须遵循以下几项原则：

（1）依法分配原则；

（2）资本保全原则；

（3）兼顾各方面利益原则；

（4）分配与积累并重原则；

（5）投资与收益对等原则。

4. 股利理论主要有哪些观点？

答：有关股利分配对企业价值影响的理论观点主要有两种：股利无关论和股利相关论。

股利无关论认为公司股利政策不会对公司股票价格产生任何影响。换句话说，就是股份公司的股利发放多少，不会影响股东对公司的态度，因而不会影响股票价格。因此，公司进行利润分配时只需从投资机会、投资收益和资金成本等几个方面考虑股利政策。具体来说，股利无关论主要有以下两种理论：股利剩余理论和 MM 理论。

股利相关理论认为，股利发放多少直接影响股东对公司的态度，从而影响公司的股票价格。公司应从股东的愿望出发考虑股利分配政策，而不仅仅从公司投资机会和收益作出决策。这种理论包括"一鸟在手"理论、差别税收理论、信号传递理论和代理理论。

5. 影响股利政策的因素主要有哪些方面？企业股利分配有哪些政策可供选择？

答：公司的股利政策受很多因素的制约，公司无法摆脱这些因素的影响。这些因素主要有法律因素、公司自身因素、股东因素。

在实际工作中，企业通常有下列几种股利发放政策可供选择：

（1）剩余股利政策；

（2）固定股利额政策；

（3）固定股利支付率政策；

（4）低正常股利加额外股利政策。

6. 企业股利支付的方式一般包括哪几种？

答：股份制企业股利支付的方式一般包括现金股利、股票股利、财产股利和负债股利等。

7. 股票股利是什么？企业发放股票股利对股东和公司具有哪些重要意义？

股票股利是指公司以额外增发的股票来作为股利支付给股东的一种方式。在这种支付方式下，支付给股东的股利是股票，不是现金。公司发放股票股利并不增加股东财富，也没有改变股东的股权结构，但由于它既不减少公司现金数额，又可使股东分享公司的利润。因此，这种方式在全世界都比较流行。

（二）单项选择题

1. C

解析：公司分配当年税后利润应当按照 10% 的比例提取法定盈余公积金，当盈余公积金累计额达到公司注册资本的 50% 时，可不再提取。因此，答案选 C。

2. B

解析：根据《中华人民共和国公司法》规定，企业弥补亏损和提取公积金后所余税后利润，可以向股东（投资者）分配股利（利润）。企业以前年度未分配利润，可以并入本年度向投资者分配。因此，答案选 B。

3. B

解析：实行剩余股利政策的优点是：能够为公司保持比较理想的资本结构，使综合平均资本成本最低，即达到最优的资本结构，从而实现企业价值的长期最大化这一目标。因此，答案选 B。

4. D

解析：采用这种政策的优点是：可以向市场传递公司在任何情况下经营都正常的信息，有利于为公司树立良好的形象，增强投资者对公司的投资信心，稳定股票的价格。因此，答案选 D。

5. C

解析：股票股利对公司来说，并没有现金流出企业，也不会导致公司的财产减少，而只是将公司的留存收益转化为股本。因此，股票股利是公司价值的再资本化，股东权益的总量并未变化，只是股东权益内部结构的再调整。因此，答案选 C。

6. A

解析：剩余股利政策是指在公司有着良好的投资机会时，根据一定的目标资本结构，将税后净利润首先用于满足投资所需的权益资本，然后将剩余的净利润再用于股利分配。因此，答案选 A。

7. C

解析：股票股利对公司来说，并没有现金流出企业，也不会导致公司的财产减少，而只是将公司的留存收益转化为股本。因此，股票股利是公司价值的再资本化。因此，答案选 C。

8. C

解析：股权登记日即有权领取股利的股东有资格登记截止日期，即能否取得股利的日期界限，也称除权日。因此，答案选 C。

9. D

解析：企业的收益分配必须要遵循投资与收益对等的原则，即企业在进行收益分配时应当要体现"谁投资谁收益"、收益的大小与投资比例相适应的原则。因此，答案选 D。

10. B

解析：固定股利额政策的缺点是：当企业盈利水平较低或现金紧张时仍要支付固定的股利，可能会导致公司资金短缺，增加公司的财务风险。因此，答案选 B。

（三）多项选择题

1. C、D

解析：采用固定股利额政策将保持公司股利长期地固定在某一水平上不变。只有当公司认为未来盈利水平将会不可逆转的增长时，才有可能相应地提高其股利发放额。这种股利政策适用于经济比较稳定的企业。因此，答案选 C、D。

2. A、B、C、D

解析：按照我国《公司法》的规定，利润分配的项目包括弥补亏损、提取公积金、公益金和向投资者分配股利。因此，答案选 A、B、C、D。

3. A、B

解析：企业必须在有可供分配留存收益的情况下进行利润分配。因此，答案选 A、B。

4. A、D

解析：股票股利对公司来说，并没有现金流出企业，也不会导致公司的财产减少，而只是将公司的留存收益转化为股本。因此，股票股利是公司价值的再资本化，股东权益的总量并未变化，只是股东权益内部结构的再调整。同时，发放股票股利等于直接把公司留存收益转化为普通股票，即留存收益的资本化，是一种增资行为，公司股份数量增加。因此，答案选 A、D。

5. A、C

解析：股份公司在制定现金股利政策时，除了考虑可分配盈余水平外，对于公司目前的现金流量的关注也显得十分重要。因为现金股利的支付除了导致公司资产与所有者权益的减少外，还会导致公司现金流量的大幅度下降，所以公司支付现金股利除了要有累计盈余外，还要有足够的现金。因此，答案选 A、C。

6. A、B

解析：常用的相关比率分析法主要有销售额增长比率法、资金利润率法等。因此，答案选 A、B。

7. A、B、D

解析：利润预测的方法有很多，其中最常用的方法有相关比率分析法、本量利分析法、因素预测法。因此，答案选 A、B、D。

8. A、B、C、D

解析：公司的股利政策受很多因素的制约，公司无法摆脱这些因素的影响。这些因素主要有法律因素、公司自身因素和股东因素。但是还包括其他因素，如通货膨胀及债务合同约束等。因此，答案选 A、B、C、D。

（四）判断题

1. 对

解析：在除息日之前购买的股票，股利的享有权附在股票上，购买者可以领取本次发放的股利，但在除息日当天或之后购买的股票，股利与股票分离，股利属于股权登记日登记在册的股东所有，股票价格是扣除股利后的除权价格，购买者不能领取本次股利。

2. 错

解析：固定股利支付率政策是指公司每期股利支付率保持不变，按照固定的股利支付率来支付股利，各年度发放的股利额随着公司收益的变动而变动，公司发生亏损时则不发放股利。这种股利政策的缺点是：容易给投资者传递一个公司经营不稳定的信号，容易造成公司信用地位下降、股票价格下跌与股东信心动摇的局面，不利于公司的市场形象与股票价格的维护。

3. 错

解析：以企业的资本金进行的分配，属于一种清算行为，而不是利润的分配。

4. 对

解析：财产股利是公司将其持有某种除现金以外的财产作为股利支付给股东的一种方式。在这种情况下，公司发放的股利既不是现金也不是股票，而是以公司所拥有的其他企业的有价证券，如债券、股票作为股利支付给股东。这种股利支付方式会导致公司资产的减少。

5. 错

解析：现金股利的支付将会导致公司资产与所有者权益的减少。

6. 对

解析：股利无关论认为，公司股利政策不会对公司股票价格产生任何影响。换句话说，就是股份公司的股利发放多少，不会影响股东对公司的态度，因而不会影响股票价格。

7. 对

解析：股利相关理论认为，股利发放多少直接影响股东对公司的态度，从而影响公司的股票价格。

8. 错

解析：企业的利润主要由营业利润和营业外收支净额构成。其计算公式是：利润总额 = 营业利润 + 营业外收支净额。

9. 错

解析：股票股利是指公司以额外增发的股票来作为股利支付给股东的一种方式。在这种支付方式下，支付给股东的股利是股票，不是现金。

10. 错

解析：公司中有一部分股东是以公司现金股利作为主要收入的，包括一些退休基金组织、保险公司和一些依靠股利谋生或补贴生活费支出的大量小股东。他们特别关心公司的现金股利的发放。对于这些要求稳定股利收入的股东而言，都希望多分得股利。

（五）计算分析题

1. 解析：

销售额增长比率法是指以上年度实际销售利润与下年度销售额预计增长比率为依据计算目标利润的一种方法。该方法假定利润额与销售额同步增长。其计算公式为：

目标利润总额 = 基期实际销售利润 × （1 + 下年度销售额预计增长比率）

依题意得：

$$下年度销售额预计增长比率 = \frac{1500 - 1000}{1000} \times 100\% = 50\%$$

目标利润总额 = 100 × （1 + 50%） = 150（万元）

2. 解析：

资金利润率法是指企业根据预定的资金利润率水平，结合上年度实际资金占用状况与下年度计划投资额，确定下年度目标利润总额的一种方法。其计算公式为：

目标利润总额 = （上年度实际占用资金总额 + 下年度计划投资额）× 预计资金利润率

依题意得：

目标利润总额 = （200 + 100）× 12% = 36（万元）

3. 解析：

因数预测法是指在基期利润水平的基础上，根据对计划年度各因素变动趋势的估计，来预计和推测计划年度的利润额的一种方法。因素预测法是以本量利分析法的基本原理为基础的。由该原理可知，影响利润的因素主要有销售量、销售价格、变动成本、固定成本和销售税率等。采用该方法来预测利润的计算公式为：

计划期利润 = 基期利润 + 计划期各种因素的变动而增加（减少）的利润

依题意可知，各因素的变化对利润的影响如下：

（1）销售量增加对利润的影响。

（55 000 - 50 000）× 20 = 100 000（元）

（2）销售单价降低对利润的影响。

（19 - 20）× 55 000 = -55 000（元）

（3）单位变动成本降低对利润的影响。

$50\,000 \times 12 - 55\,000 \times 10 = 50\,000$（元）

（4）固定成本增加对利润的影响。

$80\,000 - 90\,000 = -10\,000$（元）

上述各因素变化对利润的综合影响为：

$100\,000 - 55\,000 + 50\,000 - 10\,000 = 85\,000$（元）

预测计划年度企业利润为：

计划年度预计利润总额 $= 320\,000 + 85\,000 = 405\,000$（元）

4. 解析：

**利润计划表**

企业名称：某公司　　　　　　　　　　　　　　　　　　单位：元

| 项目 | 行次 | 本年计划 |
|---|---|---|
| 一、产品销售收入 | 1 | 10 000 000 |
| 减：产品销售成本 | 2 | 6 000 000 |
| 　　产品销售费用 | 3 | 100 000 |
| 　　产品销售税金及附加 | 4 | 800 000 |
| 二、产品销售利润 | 5 | 3 100 000 |
| 加：其他业务利润 | 6 | 1 000 000 |
| 减：管理费用 | 7 | 600 000 |
| 　　财务费用 | 8 | 200 000 |
| 三、营业利润 | 9 | 3 300 000 |
| 加：投资收益 | 10 | 420 000 |
| 　　营业外收入 | 11 | 30 000 |
| 减：营业外支出 | 12 | 50 000 |
| 四、利润总额 | 13 | 3 700 000 |
| 减：所得税费用（25%） | 14 | 925 000 |
| 五、净利润 | 15 | 2 775 000 |

## 三、案例分析

案例一参考答案：

"贵州茅台"自 2001 年 8 月 27 日上市以来，采用的股利分配方式主要是现金股利和股票股利。其中，2008 年和 2009 年采用的是现金股利的分配方式，而 2010 年采用的是现金股利和股票股利相结合的股利分配方式。"贵州茅台"近年来利润分配都是以慷慨著称。此前的 2009 年和 2008 年，"贵州茅台"分别按照每 10 股派发现金股利 11.85 元和 11.56 元的分配方案进行了分红，已经成为当时 A 股中最"慷慨"的上市公司之一。此次在 2010 年业绩继续大规模增长的保障下，"贵州茅台"拿出 22.65 亿元进行分红，令股东无不振奋。"贵州茅台"送红股的比例之高，在我国上市公司也是位居前列的。我们知道，自 2001 年上市开始是"贵州茅台"飞速发展的时期，业绩增长迅猛，公司股利指标在我国众多上市公司中连续几年名列前茅，"贵州茅台"股票备受投资者青睐。因此，"贵州茅台"选择大比例股票股利政策，一是有盈余可供分配，二是不用担心由于股本快速扩张导致股价急剧下跌。相反，公司可以留下大量盈余用于进一步的发展。案例中，"贵州茅台"根据公司实际状况和未来可持续协调发展的需求，将 2010 年的分配方案定为：以 2010 年年末总股本 94 380 万股为基数，对公司全体股东每 10 股派送红股 1 股、每 10 股派发现金红利 23 元（含税）（税后派）20.5 元，共分配利润 2 265 120 000.00 元，剩余 11 638 135 455.61 元留待以后年度分配。由此可知，"贵州茅台"此阶段的股利政策属于典型的剩余股利政策。

案例二提示：

（1）从该公司历年的股利分配情况可以看出，苏宁电器股份有限公司的股利分配主要以股票股利为主。

（2）对于苏宁电器股份有限公司公司来说，分配股票股利不会增加其现金流出量，可以用留下来的收益用于再投资。同时，从公司的历年分红情况可以看出该公司采用了剩余股利政策，即税后净利润首先满足项目投资所需要的股权资本，然后剩余的才用于分配现金股利。

# 第十一章　财务分析与评价

## 思考与练习题

### 一、预习要览

#### （一）关键概念

财务分析　　比较分析法　　结构比率分析　　相关比率分析　　趋势比率分析

因素分析法　　偿债能力分析　　营运能力分析　　盈利能力分析

发展能力分析　　综合财务分析　　杜邦分析法　　沃尔比重评分法

#### （二）重要公式

$$流动比率 = \frac{流动资产}{流动负债} \times 100\%$$

$$速动比率 = \frac{速动资产}{流动负债} \times 100\%$$

$$现金比率 = \frac{现金 + 现金等价物}{流动负债} \times 100\%$$

$$资产负债率 = \frac{负债总额}{资产总额} \times 100\%$$

$$产权比率 = \frac{负债总额}{所有者权益总额} \times 100\%$$

$$利息保障倍数 = \frac{息税前利润总额}{利息支出}$$

$$= \frac{利润总额 + 利息支出}{利息支出}$$

$$= \frac{净利润 + 所得税 + 利息支出}{利息支出}$$

$$应收账款周转率 = \frac{销售收入}{应收账款平均余额}$$

$$应收账款周转期 = \frac{360}{应收账款周转次数}$$

$$= 360 \times \frac{应收账款平均余额}{销售收入}$$

$$存货周转率 = \frac{销售成本}{平均存货余额}$$

$$存货周转期 = \frac{360}{存货周转率}$$

$$= 360 \times \frac{平均存货余额}{销售成本}$$

$$流动资产周转率 = \frac{销售收入}{平均流动资产总额}$$

$$流动资产周转期 = \frac{360}{流动资产周转率}$$

$$= 360 \times \frac{平均流动资产总额}{销售收入}$$

$$固定资产周转率 = \frac{销售收入}{平均固定资产净值}$$

$$固定资产周转期 = \frac{360}{固定资产周转率}$$

$$= 360 \times \frac{平均固定资产净值}{销售收入}$$

$$总资产周转率 = \frac{销售收入}{平均资产总额}$$

$$总资产周转期 = \frac{360}{总资产周转率}$$

$$= 360 \times \frac{平均总资产}{销售收入}$$

$$销售毛利率 = \frac{销售毛利}{销售收入} \times 100\%$$

$$销售净利率 = \frac{净利润}{销售收入} \times 100\%$$

$$资产净利率 = \frac{净利润}{平均资产总额} \times 100\%$$

$$权益净利率 = \frac{净利润}{平均所有者权益} \times 100\%$$

$$市盈率 = \frac{每股市价}{每股收益}$$

$$每股收益 = \frac{净利润}{普通股平均股数}$$

$$市净率 = \frac{每股市价}{每股净资产}$$

$$每股净资产 = \frac{净资产总额}{普通股平均股数}$$

$$营业收入增长率 = \frac{本年营业收入增长额}{上年营业收入总额} \times 100\%$$

$$营业收入三年平均增长率 = \left( \sqrt[3]{\frac{当年营业收入总额}{三年前营业收入总额}} \right) - 1 \times 100\%$$

$$净利润增产率 = \frac{本年净利润 - 上年净利润}{上年净利润} \times 100\%$$

$$总资产增长率 = \frac{本年总资产增长额}{年初资产总额} \times 100\%$$

$$三年平均资产增长率 = \left( \sqrt[3]{\frac{年末资产总额}{三年前年末资产总额}} \right) - 1 \times 100\%$$

$$资本积累率 = \frac{本年所有者权益增长额}{年初所有者权益} \times 100\%$$

$$三年平均资本增长率 = \left( \sqrt[3]{\frac{年末所有者权益总额}{三年前年末所有者权益总额}} \right) - 1 \times 100\%$$

$$权益净利率 = 总资产净利率 \times 权益乘数$$
$$= 销售净利率 \times 总资产周转率 \times 权益乘数$$

$$净经营资产 = 净金融负债 + 股东权益$$

$$净利润 = 经营利润 - 净利息费用$$

$$权益净利率 = \frac{经营利润}{股东权益} - \frac{净利息}{股东权益}$$

$$= \frac{经营利润}{净经营资产} \times \left( 1 + \frac{净负债}{股东权益} \right) - \frac{净利息}{净负债} \times \frac{净负债}{股东权益}$$

$$= 净经营资产利润率 + (净经营资产利润率 - 净利息率)$$
$$\times 净财务杠杆$$

## 二、练习题

### (一) 简答题

1. 简述财务分析的内涵。

2. 通过资产负债表能够了解到哪些信息?

3. 简述财务分析的基本方法。

4. 偿债能力分析常用的指标有哪些? 如何运用这些指标评价企业偿债能力?

5. 营运能力分析常用的指标有哪些？如何运用这些指标评价企业营运能力？

6. 盈利能力分析常用的指标有哪些？如何运用这些指标评价企业盈利能力？

7. 什么是杜邦财务分析体系？

（二）单项选择题

1. 下列各项中，不会影响流动比率的业务是（　　）。

    A. 用现金购买短期债券　　　　　　　B. 用现金购买固定资产

    C. 用存货进行对外长期投资　　　　　D. 从银行取得长期借款

2. 如果企业速动比率很小，下列结论成立的是（　　）。

    A. 企业流动资产占用过多　　　　　　B. 企业短期偿债能力很强

    C. 企业短期偿债风险很大　　　　　　D. 企业资产流动性很强

3. 影响速动比率可信性的最主要因素是（　　）。

    A. 存货的变现能力　　　　　　　　　B. 短期证券的变现能力

    C. 产品的变现能力　　　　　　　　　D. 应收账款的变现能力

4. 下列各项中，会使企业实际短期偿债能力大于财务报表所反映的短期偿债能力的是（　　）。

    A. 存在将很快变现的存货　　　　　　B. 存在未决诉讼案件

    C. 为别的企业提供信用担保　　　　　D. 未使用的银行贷款限额

5. 下列各项中，可能导致企业资产负债率变化的经济业务是（　　）

    A. 收回应收账款

    B. 用现金购买债券

    C. 接受所有者投资转入的固定资产

    D. 以固定资产对外投资（按账面价值作价）

6. 某公司 2004 年度销售收入净额为 6000 万元。年初应收账款余额为 300 万元，年末应收账款余额为 500 万元。每年按 360 天计算，则该公司应收账款周转天数为（　　）天。

    A. 15　　　　　　　B. 17　　　　　　　C. 22　　　　　　　D. 24

7. 某公司总资产净利率为 10%，若产权比率为 1.5，则权益净利率为（　　）。

    A. 15%　　　　　　B. 6.67%　　　　　C. 10%　　　　　　D. 25%

8. 下列权益乘数表述不正确的是（　　）。

    A. 权益乘数 = 所有者权益 ÷ 资产

    B. 权益乘数 = 1 ÷（1 − 资产负债率）

    C. 权益乘数 = 资产 ÷ 所有者权益

    D. 权益乘数 = 1 + 产权比率

9. 在其他条件不变的情况下，下列经济业务可能导致总资产净利率下降的是（　　）

    A. 用银行存款支付一笔销售费用

    B. 用银行存款购入一台设备

    C. 将可转换债券转换为普通股

    D. 用银行存款归还银行借款

10. 计算每股收益指标时，分子为（　　）。

    A. 净利润减普通股股利　　　　　　　B. 净利润减盈余公积

    C. 净利润减优先股股利　　　　　　　D. 净利润减未分配利润

（三）多项选择题

1. 影响速动比率的因素有（　　）。

    A. 应收账款　　　　　　　　　　　　B. 存货

    C. 短期借款　　　　　　　　　　　　D. 应收票据

    E. 预付账款

2. 在计算速动比率时，要把存货从流动资产中剔除的原因包括（　　）。

    A. 可能存在部分存货已经损坏但尚未处理的情况

    B. 部分存货已抵押给债权人

    C. 可能存在成本与合理市价相差悬殊的存货估价问题

    D. 存货采用不同计价方法

3. 利息保障倍数指标所反映的企业财务层面包括（　　）。

    A. 获利能力　　　　　　　　　　　　B. 长期偿债能力

    C. 短期偿债能力　　　　　　　　　　D. 发展能力

4. 假设其他情况相同，下列说法中正确的有（　　）。

    A. 权益乘数大则财务风险大　　　　　B. 权益乘数大则产权比率大

    C. 权益乘数等于资产权益率的倒数　　D. 权益乘数大则总资产净利率大

5. 提高净资产收益率的途径有（　　）。

    A. 提高资产营运效率　　　　　　　　B. 增加销售收入

    C. 降低成本费用　　　　　　　　　　D. 提高负债比率

6. 财务分析的主体包括（　　）。

    A. 企业所有者或潜在投资者　　　　　B. 企业债权人

    C. 企业经营者　　　　　　　　　　　D. 企业供应商和客户

    E. 政府管理部门

7. 从投资者的观点看，其主要关心的比率有（　　）。

A. 资产净利率　　　　　　　　B. 总资产周转率

C. 净资产收益率　　　　　　　D. 资产负债率

E. 股利支付率

8. 下列各项指标中，反映短期偿债能力的指标有（　　　）。

A. 流动比率　　　　　　　　　B. 速动比率

C. 资产负债率　　　　　　　　D. 净资产负债率

E. 利息保障倍数

9. 反映企业营运能力的指标有（　　　）。

A. 总资产周转率　　　　　　　B. 固定资产周转率

C. 流动资产周转率　　　　　　D. 存货周转率

E. 应收账款周转率

10. 应收账款周转率越高越好，因为它表明（　　　）。

A. 收款迅速　　　　　　　　　B. 减少坏账损失

C. 资产流动性高　　　　　　　D. 销售收入增加

E. 利润增加

（四）判断题

1. 财务分析的基础是会计报表，会计报表的基础是会计技术。　　　　　（　　　）

2. 比率能够综合反映与其计算相关的某一报表的联系，但给人们不保险的最终印象。　　　　　　　　　　　　　　　　　　　　　　　　　　　　　　　（　　　）

3. 环比动态比率是选定某一会计期间作为基期，然后将其余各期与基期进行比较而计算得到的趋势百分比。　　　　　　　　　　　　　　　　　　　　　（　　　）

4. 资本经营盈利能力分析主要对全部资产报酬率指标进行分析和评价。　（　　　）

5. 对企业盈利能力的分析主要指对利润额的分析。　　　　　　　　　　（　　　）

6. 资产净利率越高，净资产收益率就越高。　　　　　　　　　　　　　（　　　）

7. 净资产收益率是反映盈利能力的核心指标。　　　　　　　　　　　　（　　　）

8. 在其他条件不变时，流动资产比重越高，总资产周转速度越快。　　　（　　　）

9. 资产周转次数越多，周转天数越多，表明资产周转速度越快。　　　　（　　　）

10. 对债权人而言，企业的资产负债率越高越好。　　　　　　　　　　　（　　　）

11. 对企业而言，速动比率应该大于1才是正常的。　　　　　　　　　　（　　　）

12. 现销业务越多，应收账款周转率越高。　　　　　　　　　　　　　　（　　　）

13. 流动比率越高，表明企业资产运用效果越好。　　　　　　　　　　　（　　　）

14. 获利能力强的企业，其长期偿债能力也强。　　　　　　　　　　　　（　　　）

15. 企业的负债最终要以企业的资产去偿还。　　　　　　　　　　　　　（　　　）

（五）计算分析题

1. 某企业年末流动负债为 60 万元，速动比率为 2.5，流动比率为 3，营业成本 81 万元。已知年初和年末的存货相同。求：存货周转率。（提示：年末流动资产－年末速动资产＝年末存货）

2. 某企业流动负债为 200 万元，流动资产为 400 万元。其中：应收票据 50 万元，存货 90 万元，预付账款 7 万元，应收账款 200 万元，待处理流动资产损失 3 万元。求：该企业的流动比率和速动比率。

3. 资产周转速度指标的计算见表 11-1。

表 11-1　　　　　　　　　　相关资料　　　　　　　　　单位：万元

| 项目 | 上年 | 本年 |
|---|---|---|
| 产品销售收入 | | 31 420 |
| 产品销售成本 | | 21 994 |
| 流动资产合计 | 13 250 | 13 846 |
| 其中：存货 | 6312 | 6148 |
| 应收账款 | 3548 | 3216 |

要求：

（1）计算存货周转速度指标；

（2）计算应收账款周转速度指标；

（3）计算流动资产周转速度指标。

4. 某公司财务报表中的部分资料如下：货币资金为 150 000 元，固定资产为 425 250 元，销售收入为 1 500 000 元，净利润为 75 000 元，速动比率为 2，流动比率为 3，应收账款周转天数为 40 天。

要求：计算该公司的应收账款、流动负债、流动资产、总资产和资产净利率。

提示：流动资产项目包括货币资金和应收账款，总资产总额＝流动资产＋固定资产。

5. 某股票市盈率为 30，某投资人以每股 90 元买进该股票。对这个投资人来说意味着什么？

6. 某公司 2010 年销售净收入为 400 000 元，实现净利润 48 000 元，平均资产总额为 500 000 元，资产负债率为 50%。2011 年销售净收入为 480 000 元，实现净利润 72 000 元，平均资产总额为 640 000 元，资产负债率为 60%。

要求：

（1）计算该公司 2010 年、2011 年的销售净利率、总资产周转率、权益乘数和净资产收益率；

（2）分析并计算销售净利率、总资产周转率、权益乘数变动对净资产收益率的影响。

提示：平均所有者权益＝平均总资产×（1－资产负债率）

7. 公司 201×年资产负债表和利润表主要项目资料如表 11－2、表 11－3 所示。

表 11－2　　　　　　　　　资产负债表（简表）

编制单位：××公司　　　　201×年 12 月 31 日　　　　单位：万元

| 资产 | 年初数 | 年末数 | 负债及所有者权益 | 年初数 | 年末数 |
|---|---|---|---|---|---|
| 货币资金 | 110 | 116 | 短期借款 | 180 | 100 |
| 应收账款 | 80 | 100 | 应付账款 | 82 | 85 |
| 存货 | 350 | 472 | 应付职工薪酬 | 60 | 65 |
|  |  |  | 应交税费 | 48 | 60 |
| 一年内到期的非流动资产 | 304 | 332 | 流动负债合计 | 370 | 310 |
| 流动资产合计 | 844 | 1020 | 长期借款 | 180 | 140 |
|  |  |  | 应付债券 | 40 | 260 |
| 固定资产 | 470 | 640 | 长期应付款 | 44 | 50 |
| 长期资产 | 82 | 180 | 负债合计 | 634 | 760 |
| 无形资产 | 18 | 20 | 股本 | 600 | 700 |
|  |  |  | 资本公积 | 50 | 170 |
|  |  |  | 盈余公积 | 84 | 142 |
|  |  |  | 未分配利润 | 46 | 88 |
|  |  |  | 股东权益合计 | 780 | 1100 |
| 资产合计 | 1414 | 1860 | 负债及股东权益合计 | 1414 | 1860 |

表 11 - 3                 利润表（简表）

编制单位：××公司         201×年12月31日          单位：万元

| 项目 | 本年累计数 |
| --- | --- |
| 一、营业收入 | 5800 |
| 减：营业成本 | 3480 |
| 营业税金及附加 | 454 |
| 销售费用 | 486 |
| 管理费用 | 568 |
| 财务费用 | 82 |
| 资产减值准备 | 0 |
| 加：公允价值变动收益（损失以"-"号填列） | 0 |
| 投资收益（损失以"-"号填列） | 54 |
| 二、营业利润 | 784 |
| 加：营业外收入 | 32 |
| 减：营业外支出 | 48 |
| 三、利润总额 | 768 |
| 减：所得税费用 | 254 |
| 四、净利润 | 514 |

要求：

（1）计算该公司 201×年年初与年末的流动比率、速动比率和资产负债率；

（2）若行业平均流动比率为 2，速动比率为 1.2，资产负债率为 0.33，试评价该公司的偿债能力；

（3）计算该公司 201×年应收账款周转率、存货周转率和总资产周转率；

（4）若行业平均应收账款周转率为 16，存货周转率为 8.5，总资产周转率为 2.65，试评价该公司的资产营运能力；

（5）计算该公司 201×年的资产净利率、销售净利率和净资产收益率；

（6）若行业平均资产净利率为 19.88%，销售净利率为 7.5%，净资产收益率为 34.21%，试评价该公司的获利能力。

## 三、案例分析

案例一：

### 美的集团财务分析[①]

创业于 1968 年的美的集团，1980 年美的正式进入家电业（1981 年开始使用美的品牌），是一家以家电业为主，涉足房产、物流等领域的大型综合性现代化企业集团，

---

① 广东美的电器股份有限公司 2009 年和 2010 年年度报告（有删改）。

是中国最具规模的白色家电生产基地和出口基地。广东美的电器股份有限公司于 1992 年 8 月 10 日在原广东美的电器企业集团基础上改组设立的股份有限公司，1993 年 9 月 7 日，公司在深交所上市。

伴随中国资本市场 20 年的发展，美的电器上市 18 年而蝶变，诸多数字的背后，是产业规模、行业地位与竞争实力的全面提升。公司产品覆盖家用空调、中央空调与暖通设备、压缩机、冰箱、洗衣机，布局覆盖华南、华东、华中、西南、华北五大区域生产基地，海外建立越南生产基地、收购了埃及 Miraco 公司股权。美的电器现有国内 60 余家区域销售公司、海外则是全球 5 大区近 60 个国家经营团队，国内营销网点近 6 万家，其中美的专卖店 1 万多家。在中国最有价值品牌排行榜（2010 年）中，美的品牌价值以 497 亿元位居第 6 位。2010 年是美的极不平凡的一年。美的集团的整体年经营规模突破千亿元，而作为美的集团旗下专注于白色家电的上市公司旗舰、或者用全球产业视野来看是暖通空调与白色家电业务，美的电器 2010 年实现收入 745.6 亿元（折合约 113 亿美元），同比增长 58%，实现归属于公司股东的净利润 31.3 亿元，同比增长 69%，行业领先地位进一步稳固，竞争优势进一步凸显。

公司 2008—2010 年的比较财务报表见表 11-4、表 11-5。

表 11-4　　　广东美的电器股份有限公司 2008—2010 年比较资产负债表

单位：人民币千元

| 项目 | 2008 年 | 2009 年 | 2010 年 |
|---|---|---|---|
| 流动资产： | | | |
| 货币资金 | 2 285 323.37 | 3 855 082.14 | 5 802 686.28 |
| 交易性金融资产 | – | 27 183.74 | 150 165.90 |
| 应收票据 | 2 357 265.02 | 5 448 452.41 | 3 871 019.54 |
| 应收账款 | 2 936 330.25 | 4 666 875.13 | 4 442 125.80 |
| 预付账款 | 745 732.50 | 808 353.86 | 2 544 402.55 |
| 应收股利 | 1798.82 | – | – |
| 其他应收款 | 2 40 410.13 | 358 630.98 | 468 132.71 |
| 存货 | 5 137 536.46 | 5 827 507.52 | 1 0 436 248.67 |
| 其他流动资产 | 8 2 373.68 | 139 893.20 | 302 017.70 |
| 流动资产合计 | 13 786 770.23 | 2 1 131 978.98 | 2 8 016 799.15 |
| 可供出售金融资产 | 7045.33 | 312.82 | 312.82 |
| 长期股权投资 | 2 46 868.01 | 374 835.81 | 781 230.00 |
| 投资性房地产 | 3 86 341.76 | 327 441.11 | 505 404.75 |
| 固定资产 | 5 024 186.42 | 5 694 023.84 | 7 672 288.74 |
| 在建工程 | 6 37 570.04 | 486 632.30 | 952 216.43 |

表11-4(续)

| 项目 | 2008 年 | 2009 年 | 2010 年 |
|---|---|---|---|
| 无形资产 | 1 194 751.70 | 1 220 852.49 | 1 552 462.52 |
| 商誉 | 1 473 527.23 | 1 473 527.23 | 1 473 527.23 |
| 长期待摊费用 | 1 77 996.36 | 157 885.38 | 274 952.82 |
| 递延所得税资产 | 4 48 529.35 | 790 137.51 | 824 843.06 |
| 资产合计 | 23 383 586.43 | 3 1 657 627.47 | 4 2 054 037.52 |
| 流动负债: | | | |
| 短期借款 | 2 360 335.18 | 539 688.83 | 7 28 562.71 |
| 交易性金融负债 | 22 126.20 | 73.70 | 7555.13 |
| 应付票据 | 3 405 900.29 | 2 986 246.46 | 5 699 506.26 |
| 应付账款 | 6 068 115.73 | 9 216 013.20 | 1 1 023 051.19 |
| 预收账款 | 1 053 513.85 | 1 007 256.20 | 1 793 679.54 |
| 应付职工薪酬 | 468 608.10 | 5 59 148.50 | 7 91 907.27 |
| 应交税费 | 72 515.47 | 1 82 866.99 | (417 208.53) |
| 应付股利 | 223 567.26 | 3553.83 | 3305.61 |
| 其他应付款 | 307 165.32 | 3 23 047.84 | 3 37 014.68 |
| 其他流动负债 | 2 033 517.44 | 4 041 527.90 | 5 220 744.41 |
| 流动负债合计 | 16 015 364.84 | 1 8 859 423.45 | 2 5 188 118.27 |
| 长期借款 | – | – | 3 93 809.39 |
| 预计负债 | 18 541.86 | 1 1 213.50 | 1 8 487.80 |
| 递延所得税负债 | 55 164.57 | 5 5 437.23 | 6 2 900.36 |
| 其他非流动负债 | 2010.00 | 3679.00 | 8024.86 |
| 负债总额 | 16 091 081.27 | 1 8 929 753.18 | 2 5 671 340.68 |
| 股东权益: | | | |
| 股本 | 1 891 069.93 | 2 080 176.85 | 3 120 265.28 |
| 资本公积 | 302 297.48 | 3 125 792.93 | 2 092 101.33 |
| 盈余公积 | 6 07 154.95 | 6 76 479.87 | 7 41 469.17 |
| 未分配利润 | 1 950 943.31 | 3 584 413.22 | 6 367 622.21 |
| 外币报表折算差额 | (2438.68) | (15 535.34) | 14 879.44 |
| 归属于母公司股东权益合计 | 4 749 026.99 | 9 451 327.53 | 1 2 336 337.43 |
| 少数股东权益 | 2 543 478.17 | 3 276 546.76 | 4 046 359.41 |
| 股东权益总额 | 7 292 505.16 | 1 2 727 874.29 | 1 6 382 696.84 |
| 负债及所有者权益总额 | 23 383 586.43 | 3 1 657 627.47 | 4 2 054 037.52 |

表 11 - 5 　　　　　　广东美的电器股份有限公司 2008—2010 年比较利润表

单位：人民币千元

| 项目 | 2008 年 | 2009 年 | 2010 年 |
|---|---|---|---|
| 营业收入 | 45 313 461.92 | 47 278 248.26 | 74 558 886.12 |
| 营业成本 | 36 631 539.60 | 36 975 215.84 | 62 114 202.05 |
| 营业税金及附加 | 41 569.72 | 60 565.82 | 85 789.38 |
| 销售费用 | 4 613 874.02 | 5 730 733.32 | 6 943 427.31 |
| 管理费用 | 1 725 420.65 | 1 660 163.89 | 2 663 128.42 |
| 财务费用 | 481 410.02 | 222 445.77 | 464 055.87 |
| 资产减值损失 | 109 334.76 | 1 68 626.88 | (16 053.17) |
| 公允价值变动收益 | (22 126.20) | 27 126.91 | 118 069.08 |
| 投资收益 | 39 127.37 | 32 124.94 | 134 312.45 |
| 其中：对联营企业和合营企业的投资收益 | 46 130.13 | 9463.52 | 51 219.27 |
| 营业利润 | 1 727 314.32 | 2 519 748.59 | 2 556 717.79 |
| 营业外收入 | 119 699.73 | 396 422.37 | 2 570 296.44 |
| 营业外支出 | 91 442.64 | 163 342.12 | 163 843.45 |
| 利润总额 | 1 755 571.41 | 2 752 828.84 | 4 963 170.78 |
| 所得税 | 204 469.20 | 238 962.59 | 919 932.16 |
| 净利润 | 1 551 102.21 | 2 513 866.25 | 4 043 238.62 |

思考题：

请根据以上案例提供的会计资料，对广东美的电器股份有限公司的偿债能力、营运能力、盈利能力进行分析。

案例二：

### 上海国际机场股份有限公司权益净利率（ROE）分析

上海机场为中国最大的三个国际中转枢纽航空港之一，经过 2004 年的资产重组，公司绝大部分资产和业务从上海虹桥机场转移到上海浦东机场，拥有浦东机场的候机楼及一期跑道等资产，业务集中于浦东国际机场的经营管理与地面保障业务。虹桥机场二期扩建工程已在 2010 年前建成第二跑道和第二航站楼，建成后虹桥机场的吞吐能力达到了 3000 万人次。公司在股改方案中承诺未来将通过一个上市公司整合集团内航空主营业务和资产，给虹桥机场资产未来注入上市公司预留了空间。基本数据摘录自该公司 2009—2011 年年度报告，见下表：

上海国际机场股份有限公司 单位：元

| 项目 | 2009 年 | 2010 年 | 2011 年 |
|---|---|---|---|
| | 数据 | 数据 | 数据 |
| 税后利润（EAT） | 748 065 167.23 | 1 406 172 404.83 | 1 615 173 364.33 |
| 销售收入（SALES） | 3 333 714 180.32 | 4 186 408 260.79 | 4 611 211 636.06 |
| 投入资本： | 15 983 240 008.06 | 16 364 677 011.15 | 17 333 417 977.00 |
| 短期借款 | 870 063 289.84 | 299 548 487.80 | 0.00 |
| 应付票据 | 0.00 | 0.00 | 0.00 |
| 应付债券 | 2 481 047 985.89 | 2 483 161 287.89 | 2 485 387 226.39 |
| 一年内到期的非流动负债 | 0.00 | | 0.00 |
| 所有者权益 | 12 632 128 732.33 | 13 581 967 235.46 | 14 848 030 750.61 |

注：投入资本相关项目的数据由（期初数＋期末数）÷2 计算所得。

（资料来源：根据上海国际机场股份有限公司 2009—2011 年年度报告整理所得）

思考题：

（1）结合财务分析的相关知识，分解企业盈利能力指标权益净利率（ROE）的影响因素。

（2）分别计算上海国际机场股份有限公司各年的销售净利率、资本周转率、权益乘数以及权益净利率。

（3）根据第二题的计算结果，结合实际情况对上海国际机场股份有限公司进行简要的财务分析。

# 参考答案

## 二、练习题

### （一）简答题

1. 简述财务分析的内涵。

答：财务分析是以会计核算和报表资料及其他相关资料为依据，采用一系列分析技术和方法，对企业等经济组织过去和现在有关筹资活动、投资活动、经营活动的偿债能力、盈利能力和营运能力状况等进行分析与评价，为企业的投资者、债权人、经营者及其他关心企业的组织或个人了解企业过去、评价企业现状、预测企业未来、作出正确决策提供准确的信息或依据的经济应用学科。

（1）财务分析是一门综合性、边缘性学科；

（2）财务分析有完整的理论体系；

（3）财务分析有健全的方法论体系；

（4）财务分析有系统、客观的资料依据；

（5）财务分析有明确的目的和作用。

2. 通过资产负债表能够了解到哪些信息？

答：利用资产负债表的资料，可以分析评价企业资产的分布状况和资金的营运情况是否合理，分析和评价企业的资本结构是否正常。资产负债表分析主要能为我们提供资产的流动性和变现能力、长短期负债结构和偿债能力、权益资本组成和资本结构、企业潜在财务风险等信息。同时，该表也为分析企业盈利能力和资产管理水平、评价企业经营业绩提供了依据。

3. 简述财务分析的基本方法。

答：财务分析的方法灵活多样。随着分析对象、企业实际情况和分析者的不同会采用不同的分析方法。这里仅介绍几种常用分析方法：

（1）比较分析法。比较分析法是财务分析普遍使用的重要的分析方法。它是通过对经济指标在数据上的比较，揭示经济指标之间数量关系和差异的一种分析方法。

绝对数分析是将不同时期、相同项目的绝对金额进行比较，以观察其绝对额的变化趋势。

（2）比率分析法。比率分析法是通过计算经济指标的比率来考察、计量和评价经济活动变动程度的一种分析方法。比率分析法主要有：

①结构分析法。结构分析法是通过计算某项经济指标各个组成部分占总体的比重，探讨各个部分在结构上的变化规律。该方法用于考核各部门在总体中所占的比重，或各费用在总体费用中所占的比重等。

②相关比率分析法。相关比率分析法是根据经济活动客观存在的相互依存、相互联系的关系，将两个性质不同但又相关的指标加以对比，求出比率，以便从经济活动的客观联系中认识企业生产经营状况。

③定基分析法。定基分析法是以分析期间某一期的报表数据作为基数，其他各期与之对比，计算百分比，以观察各期相对于基数的变化趋势。

④环比分析法。环比分析法是以某一期的数据和上期的数据进行比较，计算趋势百分比，以观察每期的增减变化情况。

4. 偿债能力分析常用的指标有哪些？如何运用这些指标评价企业偿债能力？

答：偿债能力是指企业偿还到期债务（包括本息）的能力。偿债能力指标包括短期偿债能力指标和长期偿债能力指标。

短期偿债能力指标:

短期偿债能力是指企业流动资产对流动负债及时足额偿还的保证程度,是衡量企业当期财务能力(尤其是流动资产变现能力)的重要标志。

企业短期偿债能力的衡量指标主要有流动比率、速动比率和现金比率三项。

(1)流动比率。流动比率是流动资产与流动负债的比率。它表明企业每一元流动负债有多少流动资产作为偿还保证,反映企业用在短期内转变为现金的流动资产偿还到期流动负债的能力。

一般情况下,流动比率越高,说明企业短期偿债能力越强。国际上通常认为,流动比率的下限为100%,而流动比率等于200%时较为适当。流动比率过低,表明企业可能难以按期偿还债务;流动比率过高,表明企业流动资产占用较多,会影响资金的使用效率和企业的筹资成本,进而影响获利能力。

(2)速动比率。速动比率是企业速动资产与流动负债的比率。其中,速动资产是指流动资产减去变现能力较差且不稳定的存货、预付账款、待摊费用等后的余额。

一般情况下,速动比率越高,说明企业偿还流动负债的能力越强。国际上通常认为,速动比率等于100%时较为适当。速动比率小于100%,表明企业面临很大的偿债风险;速动比率大于100%,表明企业会因现金及应收账款占用过多而增加企业的机会成本。

(3)现金比率。现金比率是企业现金及其现金等价物同流动负债的比率。它可以从现金流量角度来反映企业当期偿付短期负债的能力。

现金比率越大,表明企业经营活动产生的现金流越多,越能保障企业按期偿还到期债务。但是,该指标也不是越大越好,指标过大表明企业的流动资金利用不充分,获利能力不强。

长期偿债能力指标:

长期偿债能力是指企业偿还长期负债的能力。企业长期偿债能力的衡量指标主要有资产负债率、产权比率、已获利息倍数三项。

(1)资产负债率。资产负债率又称负债比率,是指企业负债总额对资产总额的比率。它反映企业资产对债权人权益的保障程度。

一般情况下,资产负债率越小,说明企业长期偿债能力越强。保守的观点认为资产负债率不应高于50%,而国际上通常认为资产负债率等于60%时较为适当。从债权人来说,该指标越小越好,这样企业偿债越有保证。从企业所有者来说,该指标过小表明企业对财务杠杆利用不够。企业的经营决策者应当将偿债能力指标与获利能力指标结合起来分析。

(2)产权比率。产权比率又称资本负债率,是指企业负债总额与所有者权益总额的比率。它反映企业所有者权益对债权人权益的保障程度。

一般情况下，产权比率越低，说明企业长期偿债能力越强。产权比率与资产负债率对评价偿债能力的作用基本相同。两者的主要区别是：资产负债率侧重于分析债务偿付安全性的物质保障程度；产权比率则侧重于揭示财务结构的稳健程度以及自有资金对偿债风险的承受能力。

（3）利息保障倍数。利息保障倍数是指企业一定时期息税前利润与利息支出的比率。它反映了获利能力对债务偿付的保障程度。其中，息税前利润总额是指利润总额与利息支出的合计数，利息支出是指实际支出的借款利息、债券利息等。

一般情况下，利息保障倍数越高，说明企业长期偿债能力越强。国际上通常认为，该指标为 3 时较为适当，从长期来看至少应大于 1。

5. 营运能力分析常用的指标有哪些？如何运用这些指标评价企业营运能力？

答：营运能力指的是企业资产的周转运行能力，通常可以用总资产周转率、流动资产周转率、存货周转率和应收账款周转率四个财务比率来对企业的营运能力进行逐层分析。

（1）总资产周转率是指企业的销售收入与总资产平均余额的比率。

（2）流动资产周转率是指企业的销售收入与流动资产平均余额的比率。存货和应收账款是流动资产的主要组成部分，因此，可以通过对存货周转率和应收账款进一步分析流动资产周转率的变化。

（3）存货周转率是指企业的销售成本与存货平均余额的比率。存货周转状况也可以用存货天数来表示，即表示存货周转一次所需要的时间，天数越短，说明存货周转越快。

（4）应收账款周转率是指企业一定时期销售收入与应收账款平均余额的比率。该指标用来衡量企业的应收账款转变为现金的速度。一般说来，企业的该项比率越高，说明企业催收账款的速度越快，可以减少坏账损失，而且资产流动性强，企业的短期偿债能力也会增强，在一定程度上可以弥补流动比率低的不利影响。若企业的应收账款周转率过低，则说明企业催收账款的效率太低或信用政策十分宽松，会影响企业资金利用率和资金的正常周转。

6. 盈利能力分析常用的指标有哪些？如何运用这些指标评价企业盈利能力？

答：盈利能力就是企业赚取利润的能力。不论是投资人还是债务人，都非常关心这个项目。在分析盈利能力时，应当排除证券买卖等非正常项目、已经或将要停止的营业项目、重大事故或法律更改等特别项目、会计政策和财务制度变更带来的累积影响数等因素。

（1）销售净利率。其计算公式为：

$$销售净利率 = \frac{净利润}{销售收入} \times 100\%$$

该指标反映每一元销售收入带来的净利润是多少，表示销售收入的收益水平。

企业在增加销售收入的同时，必须要相应获取更多的净利润才能使销售净利率保持不变或有所提高。

（2）销售毛利率。其计算公式为：

$$销售毛利率 = \frac{销售收入 - 销售成本}{销售收入} \times 100\%$$

该指标表示每一元销售收入扣除销售成本后，有多少钱可以用于各项期间费用和形成盈利。

销售毛利率是企业销售净利率的最初基础，没有足够大的销售毛利率便不能形成盈利。企业可以按期分析销售毛利率，据以对企业销售收入、销售成本的发生及配比情况作出判断。

（3）资产净利率。其计算公式为：

资产净利率 = 净利润 ÷ [（期初资产总额 + 期末资产总额）÷ 2] × 100%

该指标越高，表明资产的利用效率越高，说明企业在增加收入和节约资金等方面取得了良好的效果；反之，则相反。

资产净利率是一个综合指标。净利润的多少与企业的资产的多少、资产的结构、经营管理水平有着密切的关系。影响资产净利率高低的原因有：产品的价格、单位产品成本的高低、产品的产量和销售的数量、资金占用量的大小。可以结合杜邦财务分析体系来分析经营中存在的问题。

（4）净资产收益率（权益报酬率）。其计算公式为：

$$净资产收益率 = 净利润 \div \left[ \left( \frac{期初所有者}{权益合计} + \frac{期末所有者}{权益合计} \right) \div 2 \right] \times 100\%$$

净资产收益率反映公司所有者权益的投资报酬率，也叫净值报酬率或权益报酬率，具有很强的综合性。它是最重要的财务比率。

7. 什么是杜邦财务分析体系？

答：杜邦财务分析体系是一种实用的财务分析体系，从评价企业绩效最具有综合性和代表性的指标——净资产收益率出发，利用各主要财务比率指标间的内在有机联系，对企业财务状况及经济效益进行综合系统分析评价。杜邦财务分析体系主要将权益净利率一指标分解成相联系的多种因素，进一步剖析影响所有者权益报酬的各个方面。如资产周转率、销售净利率、权益乘数。另外，在使用该指标时，还应结合对"应收账款"、"其他应收款"进行分析。

（二）单项选择题

1. A

解析：流动比率为流动资产除以流动负债，选项 B、C 会使流动资产减少，长期资产增加，从而影响流动比率下降；选项 D 会使流动资产增加，长期负债增加，从而会使流动比率上升；选项 A 使流动资产内部此增彼减，不影响流动比率。

2. C

解析：速动比率是用来衡量企业短期偿债能力的指标。一般来说，速动比率越高，反映企业短期偿债能力强，企业的短期偿债风险较小；反之，速动比率越低，反映企业短期偿债能力弱，企业的短期偿债风险较大。

3. D

解析：速动比率使用速动资产除以流动负债，其中应收账款的变现能力是影响速动比率可信性的最主要因素。

4. D

解析：因为选项 B、C、E 会使企业实际变现能力小于财务表所反映的能力；选项 A 是企业实际变现能力与财务报表所反映的能力一致。

5. C

解析：选项 A、B、D 都是资产内部的此增彼减，不会影响资产总额。选项 C 会使资产和所有者权益增加，会使资产负债率降低。

6. D

解析：应收账款周转次数 $=6000 \div [(300+500) \div 2] = 15$（次），应收账款周转天数 $=360 \div 15 = 24$（天）。

7. D

解析：权益乘数 $=1+$ 产权比率 $=1+1.5=2.5$；权益净利率 $=$ 权益乘数 $\times$ 总资产净利率 $=2.5 \times 10\% = 25\%$。

8. A

解析：权益乘数是资产权益率的倒数，所以：权益乘数 $=$ 资产 $\div$ 所有者权益 $=$（负债 $+$ 所有者权益）$\div$ 所有者权益 $=1+$ 产权比率；权益乘数 $=$ 资产 $\div$ 所有者权益 $=$ 资产 $\div$（资产 $-$ 负债）$=1 \div$（$1-$ 资产负债率）。

9. A

解析：选项 B 是资产内部的此增彼减，不会影响资产总额和利润额；选项 C 是负债与所有者权益之间的此增彼减，也不会影响资产总额和利润额；选项 D 会使资产减少，但利润不变，因而会提高资产净利率；只有选项 A 会使资产和利润同时下降，则有可能是资产净利率下降（但不是绝对的），即当原来的资产净利率小于100%时，选项A会使资产净利率下降；当原来的资产净利率为100%时，选项A不影响资产净利率；当原来的资产净利率大于100%时，选项A会使资产净利率上升。

10. C

解析：由于每股收益的概念仅使用于普通股，优先股股东除规定的优先股股利外，对收益没有要求权。所以用于计算每股收益的分子必须等于可分配给普通股股东的净利润，即从净利润中扣除当年宣告或累积的优先股股利。

**（三）多项选择题**

1. A、C、D、E

解析：存货属于非速动资产。速动比率是流动资产扣除存货、一年内到期的流动资产和其他流动资产等后与流动负债的比值。本题中的A、D、E三项属于速动资产的内容，C项属于流动负债，故选项B存货外其他因素均影响速动比率。故选A、C、D、E。

2. A、B、C

解析：存货采用不同计价方法只会影响当期的销售成本和期末存货的价值，不改变存货的变现速度。A、B、C则直接影响流动资产的变现能力。故选A、B、C。

3. A、B

解析：利息保障倍数反映了获利能力对债务偿付的保证程度。故选A、B。

4. A、B、C

解析：权益乘数表示企业的负债程度，因此权益乘数大则财务风险大，所以A对；权益乘数 = 1 + 产权比率，所以B对；权益乘数是资产权益率的倒数，即总资产除以权益，所以C对；总资产净利率的大小，是由销售净利率和总资产周转率的大小决定的，与权益乘数无关。故选A、B、C。

5. A、B、C、D

解析：权益净利率 = 销售净利率 × 总资产周转率 × 权益乘数，无论提高其中的哪个比率，权益净利率都会提高。选项A会提高总资产周转率，选项B、C会提高销售净利率，权益乘数与负债比率成正比，提高负债比率会提高权益乘数。故选A、B、C、D。

6. A、B、C、D、E

解析：财务分析的主体包括企业所有者或潜在投资者、企业债权人、企业经营者、企业供应商和客户、政府管理部门等。故全选。

7. A、C、E

解析：选项B总资产周转率是经营管理者比较关心的指标，选项D资产负债率是债权人比较关心的指标。从投资者的观点看，其主要关心的比率是资产净利率、净资产收益率、股利支付率。故选 A、C、E。

8. A、B

解析：反映短期偿债能力的指标只有选项 A、B，选项 C、D 是反映长期偿债能力的指标。故选 A、B。

9. A、B、C、D、E

解析：反映企业营运能力的指标有总资产周转率和周转期、固定资产周转率和周转期、流动资产周转率和周转期、存货周转率和周转期、应收账款周转率和周转期。故全选。

10. A、B、C

解析：应收账款周转率越高可以表明收款迅速，坏账损失减少，资产流动性高，销售收入增加。但不能表明利润的增加。故选 A、B、C。

（四）判断题

1. 对

解析：财务分析的基础是会计报表，会计报表的基础是会计技术。

2. 错

解析：某一比率很难综合反映与其计算相关的某一报表的联系；比率给人们不保险的最终印象。

3. 错

解析：定期动态比率是以某一会计期间为基期、将其余各期与基期进行比较而计算得到的趋势百分比。

4. 错

解析：资产经营盈利能力分析主要对全部资产报酬率指标进行分析和评价。

5. 错

解析：对企业盈利能力的分析主要指对利润率的分析。

6. 错

解析：在负债利息率和资本构成等条件不变的情况下，资产净利率越高，净资产收益率就越高。

7. 对

解析：净资产收益率是反映盈利能力的核心指标。

8. 对

解析：总资产周转速度主要受各资产项目的影响，流动资产的变现能力比非流动资产的强。在其他条件不变时，流动资产比重越高，总资产周转速度越快。

9. 错

解析：周转次数越多，则周转天数越少。

10. 错

解析：对债权人而言，企业的资产负债率越低越好。

11. 错

解析：对企业而言，速动比率标准不一定都大于 1 为好。

12. 错

解析：现销业务越多，现金周转率越高，应收账款周转率越低。

13. 错

解析：流动比率越高，表明企业资产流动性越好，收益性越差。

14. 对

解析：获利能力强的企业，其长期偿债能力也强。

15. 对

解析：业务性质决定。

（五）计算分析题

1. 解析：存货周转率计算

年末存货 = 流动资产 - 速动资产 = 3.0 × 60 - 2.5 × 60 = 30（万元）

平均存货 = （30 + 30）÷ 2 = 30（万元）

存货周转率 = $\frac{81}{30}$ = 2.7

2. 解析：流动比率、速动比率计算

流动比率 = 400 ÷ 200 = 2

速动比率 = [400 - （90 + 3）] ÷ 200 = 1.535

3. 解析：资产周转速度指标的计算

（1）存货周转率 = 21 994 ÷ [（6132 + 6148）÷ 2] = 3.53（次）

存货周转期 = 360 ÷ 3.53 = 101.97（天）

（2）应收账款周转率 = 31 420 ÷ [（3 548 + 3 216）÷ 2] = 9.29（次）

应收账款周转期 = 360 ÷ 9.29 = 38.75（天）

（3）流动资产周转率 = 31 420 ÷ [（13 250 + 13 846）÷ 2] = 2.32（次）

流动资产周转期 = 360 ÷ 2.32 = 155.17（天）

4. 解析：

应收账款 = 1 500 000 ÷ 360 × 40 = 166 666.67（元）

流动负债 = （150 000 + 166 666.67）÷ 2 = 158 333.34（元）

流动资产 = 158 333.34 × 3 = 475 000.02（元）

总资产 = 475 000.02 + 425 250 = 900 250.02（元）

资产净利率 = 75 000 ÷ 900 250.02 × 100% = 8.33%

该公司的应收账款为 166 666.67 元，流动负债为 158 333.34 元，流动资产为 475 000.02元，资产净利率为 8.33%。

5. 解析：

每股利润 = 每股市价 ÷ 市盈率 = 90 ÷ 30 = 3（元/股）

该投资人用 90 元钱买了一个实际价值只有 3 元钱的商品。未来该股票增值空间是投资额的 30 倍。

6. 解析：

2010 年：

销售净利率 $= \dfrac{48\ 000}{400\ 000} \times 100\% = 12\%$

总资产周转率 $= \dfrac{400\ 000}{500\ 000} \times 100\% = 80\%$

权益乘数 $= \dfrac{1}{1-50\%} = 2$

资产收益率 $= \dfrac{48\ 000}{500\ 000 \times 50\%} = 19.2\%$

2011 年：

销售净利率 = 72 000/480 000 × 100% = 15%

总资产周转率 = 480 000/640 000 × 100% = 75%

权益乘数 $= \dfrac{1}{1-60\%} = 2.5$

净资产收益率 $= \dfrac{72\ 000}{640\ 000 \times (1-60\%)} = 28.1\%$

由于销售净利率提高对净资产收益率的影响为：

（15% − 12%）× 80% × 2 = 4.8%

由于总资产周转率下降对净资产收益率的影响为：

15% ×（75% − 80%）× 2 = −1.5%。

由于权益乘数提高对净资产收益率的影响为：

15% × 75% ×（2.5 − 2）= 5.6%

结论：

（1）2010 年该公司的销售净利率、总资产周转率、权益乘数和净资产收益率分别为 12%、80%、2、19.2%；2011 年上述指标分别为 15%、75%、2.5%、28.1%。

（2）销售净利率、总资产周转率、权益乘数变动对净资产收益率的影响分别为 4.8%、−1.5% 和 5.6%。

7. 解析：

（1）年初：

流动比率 = 流动资产 ÷ 流动负债 × 100%

$$= \frac{844}{370} \times 100\%$$

$$= 2.28$$

速动比率 = 速动资产 ÷ 流动负债 × 100%

$$= \frac{844 - 350 - 304}{370} \times 100\%$$

$$= 0.51$$

资产负债率 = 负债总额 ÷ 资产总额 × 100%

$$= \frac{634}{1414} \times 100\% = 44.84\%$$

年末：

流动比率 = $\frac{流动资产}{流动负债} \times 100\%$

$$= \frac{1\,020}{310} \times 100\%$$

$$= 3.29$$

速动比率 = $\frac{速动资产}{流动负债} \times 100\%$

$$= \frac{1020 - 472 - 332}{310} \times 100\%$$

$$= 0.70$$

资产负债率 = 负债总额 ÷ 资产总额 × 100%

$$= \frac{760}{1860} \times 100\%$$

$$= 40.86\%$$

（2）该企业年末流动比率为 3.29，高于 2 的一般正常值水平，说明具有较强偿债能力。为进一步确认其财务风险状况，还需要考察速动比率；年末速动比率为 0.7，低于 1 的一般正常值水平，主要原因是流动资产中存货和一年内非流动资产所占比重较大，导致该公司的速度比率没有达到一般公认标准，公司的实际短期偿债能力并不是很理想；该公司年末资产负债率为40.86%，略高于33%的一般正常水平，但因其资产流动性较好，故尚不存在较大财务风险。其偿债能力大小还需要对负债结构、获利状况等做进一步分析。

（3）应收账款平均余额 $= \dfrac{80+100}{2} = 90$（万元）

应收账款周转率 $= \dfrac{5800}{90} = 64.44$

平均存货 $= \dfrac{350+472}{2} = 411$（万元）

存货周转率 $= \dfrac{3480}{411} = 8.47$

资产平均总额 $= \dfrac{1414+1860}{2} = 1637$（万元）

总资产周转率 $= \dfrac{5800}{1637} = 3.54$

（4）该企业应收账款周转率为64.44，远高于行业平均水平（16），说明应收账款收账时间很短，周转效率高，一方面出现坏账的可能性很低，另一方面资金利用率高；该企业存货周转率为8.47，略低于行业平均水平（8.5），说明与同行业相比，企业销售能力稍弱，存货利用效率稍弱；该企业总资产周转率为3.54，高于行业平均水平（2.65），说明企业利用资产的效率比较高。

（5）资产平均总额 $= 1637$（万元）

资产净利率 $= \dfrac{514}{1637} \times 100\% = 31.40\%$

销售净利率 $= \dfrac{514}{5800} \times 100\% = 8.86\%$

股东权益平均总额 $= \dfrac{780+1100}{2} = 940$（万元）

净资产收益率 $= \dfrac{514}{940} \times 100\% = 54.68\%$

（6）该企业资产净利率、销售净利率和净资产收益率均高于行业平均水平，说明企业有较强的获利能力。

## 三、案例分析

案例一参考答案：

（一）偿债能力分析

根据广东美的电器股份有限公司（以下简称美的公司）2008—2010年流动比率、

速动比率、资产负债率和利息保障倍数等指标（见美的公司 2008—2010 年偿债能力分析指标汇总表），对公司的偿债能力进行分析。

美的公司 2008—2010 年偿债能力分析指标汇总表

| 项目 | 2008 年 | 2009 年 | 2010 年 |
|---|---|---|---|
| 流动比率 | 0.8608 | 1.1205 | 1.1123 |
| 速动比率 | 0.5349 | 0.8041 | 0.6860 |
| 利息保障倍数 | 4.6467 | 13.3753 | 11.6952 |
| 资产负债率 | 0.6881 | 0.5980 | 0.6104 |

该公司与短期偿债能力水平不是很乐观。在上表中，美的公司 2008 年的流动比率小于 1，2009 年、2010 年的流动比率虽然大于 1，但仍属偏低。这说明公司的短期偿债能力较弱，面临较高的财务风险。从速动比率来分析，2009 年与 2008 年相比有所提高，但 2010 年又有所下降，且与较高的流动负债相比，该公司的即期支付能力仍然较低。

就长期偿债能力而言，美的公司 2008—2010 年资产负债率都处于 60% 左右。这说明公司资本结构还是有一定的财务风险的，但公司的利息保障倍数处于比较高的支付水平，对于债权人来说，取得利息的偿还还是有安全保障的。

（二）营运能力分析

营运能力反映了公司管理资产的能力。通过分析营运能力指标，可以了解公司资金周转情况，并判明公司经营管理水平的高低。美的公司 2008—2010 年有关营运能力分析的指标见美的公司 2008—2010 年营运能力指标汇总表。

美的公司 2008—2010 年营运能力指标汇总表

| 项目 | 2008 年 | 2009 年 | 2010 年 |
|---|---|---|---|
| 应收账款周转率 | 15.4320 | 10.1306 | 16.7845 |
| 应收账款周转天数 | 23.3281 | 35.5359 | 21.4484 |
| 存货周转率 | 7.1302 | 6.3449 | 5.9518 |
| 存货周转天数 | 50.4895 | 56.7385 | 60.4859 |
| 流动资产周转率 | 3.2867 | 2.2373 | 2.6612 |
| 流动资产周转天数 | 109.5324 | 160.9082 | 135.2773 |
| 总资产周转率 | 1.9378 | 1.4934 | 1.7729 |
| 流动资产周转天数 | 185.7777 | 241.0607 | 203.0571 |

注：表中数据采用资产项目的期末值计算周转率、周转天数。

由于该公司的货款催收工作、信用政策取得了一定的成效，2010 年的应收账款周转率提高到了 16.7845 次。2010 年应收账款周转天数为 21.4484 天，与 2009 年相比缩短了 14.0875 天。

近三年的存货周转率在逐渐下降，下降的幅度不大，三年均较稳定，基本维持在 55 天左右。这说明该公司尚无存货严重积压的现象。

从流动资产周转情况看，与 2008 年比较，后两年的流动资产周转率都是下降的。不过，2010 年的流动资产周转率和周转天数比 2009 年均有所改善，公司在加强资产管理、节约流动资金以及提高资金利用方面，取得显著的效果，同时公司的盈利能力得到了进一步的增强。

（三）盈利能力分析

以上了解了公司的偿债能力与营运能力的状况，接下来对公司的盈利能力进行分析。美的公司 2008—2010 年有关盈利能力分析的指标如下表所示：

美的公司 2008—2010 年盈利能力分析指标汇总表

| 项目 | 2008 年 | 2009 年 | 2010 年 |
| --- | --- | --- | --- |
| 销售净利率 | 3.42% | 5.32% | 5.42% |
| 资产净利率 | 6.63% | 7.94% | 9.61% |
| 权益净利率 | 21.27% | 19.75% | 24.68% |

注：表中数据采用资产、所有者权益的期末值计算资产净利率、权益净利率。

根据盈利能力指标分析可知，由于产品适销对路，销售情况良好，美的公司近三年的销售净利率呈递增趋势，而且 2010 年的资产净利率比 2008 年增长了将近 3 个百分点。这表明该公司的企业总资产的利用水平得到了提高，公司业绩也节节上升。与 2008 年相比，该公司 2009 年权益净利率虽然有所下降，但与 2008 年相比，2010 年的权益净利率上升了 3.41%。这表明美的公司的权益资本盈利能力得到了改善。总的来看，美的公司具有较强的盈利能力。

案例二提示：

（1）权益净利率 = 销售净利率 × 资本周转率 × 权益乘数 （2）

上海国际机场股份有限公司

| 项目 | 2009 年 | 2010 年 | 2011 年 |
| --- | --- | --- | --- |
| | 数据 | 数据 | 数据 |
| ①销售净利率（净利润÷销售收入） | 22.44% | 33.59% | 35.03% |
| ②资本周转率（销售收入÷投入资本） | 0.21 | 0.26 | 0.27 |
| ③权益乘数（投入资本÷权益） | 1.27 | 1.2 | 1.17 |

表(续)

| 项目 | 2009 年 | 2010 年 | 2011 年 |
|------|---------|---------|---------|
| | 数据 | 数据 | 数据 |
| ROE（关系式：①×②×③） | 5.92% | 10.35% | 10.88% |
| ROE（定义式：净利润÷权益） | 5.92% | 10.35% | 10.88% |

（3）从数据上可以看出，虽然上海国际机场股份有限公司的 ROE 不是很高，但是 2009—2010 年该公司的 ROE 均呈现上升的趋势，企业盈利能力较好。尤其 2010 年度 ROE 从 5.92% 激增到 10.35%，主要是因为当年业绩上升。对于上海来说，2010 年航空需求走势旺盛，世博会大大增加了旅客飞往上海的营运量。不利因素是该公司的资本周转率较低，基本都在 1 以下，表明我国的航空业的固定资本比较大，投入资本较高。